経済思想の歴史

―ケネーからシュンペーターまで―

小沼宗一［著］

創 成 社

はしがき

　本書は，ケネーからシュンペーターまで，経済思想の歴史における代表的な経済学諸体系を取り上げて，経済思想の特質と現代的意義およびその限界について考察したものである。本書では，「比較による理解と批判」という比較経済思想の方法を用いた。本書は，代表的な経済学者がどのような課題に，どのように取り組んだのかを扱い，経済思想の歴史を論争史として展開したものである。2001年に創成社から『イギリス経済思想史』を，2011年に『経済思想史—マルサスからケインズまで—』を，2014年に『イギリス経済思想と現代—スミスからケインズまで—』を刊行した。本書はケネーとシュンペーターの章を加えた4冊目の本である。

　経済思想史とは，経済理論を成立させたヴィジョンの展開に重点を置いた経済学の歴史であり，諸体系の論争史である。それぞれの経済学体系は，経済理論とヴィジョンから構成される。ヴィジョンとは不変的で堅固な中核としての基本的な考え方であり，理論は周辺的な保護帯である。理論は思想を具体的に表現したものである。理論は事実に反するだけでは倒れない。古い理論を倒す

ためには，新しい理論が必要である。経済思想の歴史は，連続的なものではなかった。批判された経済学体系でも，周辺的な保護帯に新しい理論が装備されることにより，支配的な経済学体系として再生する可能性がある。ヴィジョンの違いは考え方の違いである。諸体系を比較検討することにより，多様なものの見方を身につけて，「創造的批判」の眼を養うことができるであろう。経済思想の歴史を学ぶ意味はここにある。

第1章は，『東北学院大学経済学論集』（第185号，2015年12月）に載せた「F. ケネーの経済思想」に加筆修正を行ったものである。「経済表の範式」の経済循環について扱い，ケネーの経済思想の特質を，彼の社会改革のヴィジョンの中に見出している。

第2・4・5・6・7章は『イギリス経済思想と現代』の第1〜5章に加筆修正を行ったもの，第3章は『経済思想史』の第1章に加筆修正を行ったものである。

第8章は，『東北学院大学経済学論集』（第187号，2016年12月）に載せた「シュンペーターの経済思想」に加筆修正を行ったものである。シュンペーターによれば，発展をもたらすのは企業者の革新である。企業者と銀行家は，経済発展のための2つの経済主体である。企業者，革新，信用創造は，経済発展にとって不可欠な3つの構成要素である。シュンペーターの経済思想の現代的意義は，彼が革新の担い手として大企業の行動を再評

価したという視点の中に見出すことができる。

　ケインズは『一般理論』最終章のむすびで、「遅かれ早かれ，良かれ悪しかれ危険なものは，既得権益ではなくて思想である」と述べている。すぐには役に立たないように見えても，いつか考え方を変えてしまうもの，それが思想である。経済思想の歴史は多様な諸思想の論争史である。学ぶとは変わることである。変わるためには考えることが必要である。考えるとは可能性について自分で考えることである。現代の基本的な課題について，自分で考えることを習慣としたいものである。本書では，「古典との対話」による「正確な理解」ができるように工夫した。特定の思想にかたよらずに，多様なものの見方ができるように構成した。本書が経済思想の歴史を学ぶ楽しさを伝えることができれば，幸いである。

　本書の刊行にあたり，創成社の塚田尚寛社長にはご配慮をいただいた。同社の西田徹氏には大変お世話になった。心から感謝の意を表したい。

　2017 年 3 月

小沼宗一

目　　次

はしがき

第 1 章　ケネーの経済思想───────── 1
　Ⅰ　はじめに ………………………………… 1
　Ⅱ　ケネーの生涯 …………………………… 2
　Ⅲ　コルベール主義批判 …………………… 4
　Ⅳ　「経済表」の経済循環 ………………… 7
　Ⅴ　むすび─社会改革のヴィジョン─ …… 11

第 2 章　アダム・スミスの経済思想── 15
　Ⅰ　はじめに ………………………………… 15
　Ⅱ　スミスの生涯 …………………………… 16
　Ⅲ　共感の原理 ……………………………… 19
　　　1．公平な観察者　19
　　　2．見えざる手の思想　20
　Ⅳ　国富の本質と原因 ……………………… 25
　　　1．重商主義批判　25
　　　2．分業と節約　27

viii

 V 「富と徳」両立論 ……………………… 32

  1．徳の形成　32

  2．独占精神批判　35

 VI むすび―黄金の夢を捨てよ― ………… 37

第 3 章　マルサスの経済思想―――― 42

 I はじめに ………………………………… 42

 II フランス革命とマルサス ……………… 42

 III 貧困の原因は何か ……………………… 43

 IV 複合原因論 ……………………………… 47

 V むすび …………………………………… 50

第 4 章　リカードウの経済思想――――― 53

 I はじめに ………………………………… 53

 II 『原理』の基本構成 …………………… 54

  1．価値論　54

  2．地代論　56

  3．賃金論　59

  4．利潤率低下論　60

  5．リカードウの方法　61

 III 生産費説 ………………………………… 62

 IV マルサス地代論への批判 ……………… 64

  1．地代上昇の第 1 原因　68

  2．地代上昇の第 2 原因　71

目　次　ix

　　　3．地代上昇の第3原因　72

　　　4．地代上昇の第4原因　73

　Ⅴ　むすび―穀物価値論の重要性―　………　77

第 5 章　J. S. ミルの経済思想―――― 81

　Ⅰ　はじめに　…………………………………　81

　Ⅱ　J. S. ミルの生涯と著作　………………　82

　　　1．ジェイムズ・ミル（父ミル）　82

　　　2．英才教育　84

　　　3．恐怖と命令の教育　85

　　　4．ベンサムの別荘に同居　86

　　　5．フランス留学　87

　　　6．ベンサム主義者となる　89

　　　7．精神の危機　90

　　　8．ロマン主義の影響　91

　　　9．ハリエット・テイラーとの交友　93

　　　10．ミルのベンサム主義批判　95

　　　11．『自由論』　96

　　　12．『代議制統治論』　98

　　　13．『女性の解放』　99

　　　14．晩　年　101

　Ⅲ　生産・分配峻別論　………………………　101

　　　1．生産法則と分配制度　101

　　　2．原理と政策　108

x

Ⅳ　停止状態論 ……………………………… 111

　　1．人口制限政策　111

　　2．分配制度の改善　119

Ⅴ　むすび―分配の改善― ………………… 125

第 6 章　マーシャルの経済思想——— 129

Ⅰ　はじめに ………………………………… 129

Ⅱ　同時代の経済思想 ……………………… 130

　　1．ダーウィンの生物進化論　130

　　2．ジェヴォンズの限界効用価値論　132

　　3．ヘンリー・ジョージの平等主義　135

Ⅲ　マーシャルの「経済学の現状」…… 136

　　1．人間性は不変か　136

　　2．社会主義批判　138

　　3．貧困問題の解決　140

Ⅳ　有機的成長論 …………………………… 144

　　1．産業組織の改善　144

　　2．人口制限の効果　146

　　3．人間性可変の想定　148

　　4．生活基準の向上　149

Ⅴ　むすび―経済学の重要性― …………… 151

第 7 章　ケインズの経済思想——— 155

Ⅰ　はじめに ………………………………… 155

Ⅱ　ケインズの生涯と著作 ……………… 156

　　1．ムア倫理学の影響　156

　　2．ケンブリッジのフェロー　158

　　3．第一次世界大戦　158

　　4．パリ平和会議　159

　　5．「ヨーロッパ復興のための大計画」　160

　　6．『平和の経済的帰結』　161

　　7．「カルタゴの平和」　163

　　8．『確率論』　163

　　9．『貨幣改革論』　164

　　10．リディア・ロポコヴァとの結婚　164

　　11．「自由放任の終焉」　164

　　12．『貨幣論』　165

　　13．『雇用・利子および貨幣の一般理論』　166

　　14．ケンブリッジ芸術劇場の建設　167

　　15．戦後国際経済の再建　168

Ⅲ　有効需要の原理 ………………………… 169

　　1．非自発的失業　169

　　2．消費性向　171

　　3．資本の限界効率　173

　　4．流動性選好説　174

　　5．貯蓄は美徳か　176

Ⅳ　政府の役割 …………………………… 178

　　1．伸縮的貨幣政策　178

2．再分配政策　181

Ⅴ　混合経済と平和主義 ……………… 183

1．ベンサムの功利主義　184

2．J. S. ミルのベンサム批判　185

3．功利主義とケインズ　186

4．国内政策による完全雇用　189

Ⅵ　更新性資源 ……………………… 195

1．水循環　196

2．有効需要の質的構成　198

Ⅶ　むすび—夢のような希望— …………… 201

第8章　シュンペーターの経済思想── 206

Ⅰ　はじめに ………………………… 206

Ⅱ　シュンペーターの生涯 …………… 207

Ⅲ　経済発展論 ……………………… 210

1．自発的で非連続的な変化　210

2．革　新　215

3．企業者　217

4．信用創造　222

Ⅳ　資本主義観 ……………………… 224

1．創造的破壊の過程　224

2．独占企業の行動　228

Ⅴ　むすび ………………………… 233

索　引　239

第1章

ケネーの経済思想

I はじめに

　本章はフランソワ・ケネー（F. Quesnay, 1694-1774）
の経済思想の特質と現代的意義およびその限界を取り扱
う。本章は次のように構成される。IIではケネーの生涯
を概観し，彼の経済思想の形成過程を考察する。ケネー
が農業改革論を論じたのは，60歳を過ぎてからのこと
である。IIIではコルベール主義批判について考察する。
『経済表』には，コルベール主義を批判するという問題
意識が内包されていた。IVでは「範式」における経済循
環について検討する。ケネーは，農業労働のみが生産的
労働であると想定した。彼は，当時のフランスの農村の
疲弊を解決するために，穀物の輸出入の自由化政策への
転換を提唱した。穀物価格を引き上げれば，高賃金と高
価格が実現し，円滑な経済循環が可能となるという見解
を提示した。ケネーの経済思想の最大の特質は，彼の農
業生産重視の見解の中にではなく，彼の社会改革のヴィ

ジョンの中に見出すことができる。

　本章の論点は次の通り。『経済表』には，「原表」（1758年），「略表」（1763年），「範式」（1767年）という 3 種類が存在する。ケネーの「富裕なフェルミエ（借地農）による大農経営」という不変的で堅固な中核としてのヴィジョンは，「経済表の範式」以前の諸論稿の段階から提示されていた。しかし，「経済表の範式」以前の初期段階においては，ケネーの経済学体系の保護帯としての経済理論は未確立であった。「経済表の範式」は，ケネーの経済学体系における完成形態での保護帯である。

II　ケネーの生涯

　ケネーは，1694 年 6 月 4 日，フランスのパリの西近郊約 40 キロにあるメレという小さな農村に生まれた。彼の父ニコラはメレで農業をしながら，雑貨の小売を営んでいた。豊かな農家であったにもかかわらず，父ニコラは子どもの教育に無頓着であった。11 歳になるまで，ケネーは読み書きを教わらずに育った。彼は，村の司祭から読み書きを学ぶようになり，プラトン，アリストテレス，キケロといった古典を読んだ（大田，2005，271-276）。

　13 歳の時，父を亡くしたケネーは，近郊の外科医のもとで瀉血の技術を学ぶ。パリに出たケネーは，母の奨

めもあり，当時流行の職業であった版画家となる修行を積んだ。ケネーは，パリ大学医学部とサン＝コーム外科医学校に籍を置いている。23 歳となる 1717 年に，ケネーは結婚し，パリ近郊のマント市で外科医となった。その 6 年後，王室外科医の免許を得て，組合の正式の開業資格を得ている。外科医ケネーは，内科医シルヴァとの，瀉血の効果をめぐる論争によって有名となる。瀉血とは，病気の治療のために，血液の一定量を取り除くことである。40 歳となる 1734 年に，ケネーはパリに出て，リヨンを統治していたヴィルロワ公の侍医となる。ケネーはリヨン文芸科学アカデミーに推挙され，『動物生理に関する自然学的試論』（1736 年）を出版して，好評を博す。

　55 歳となる 1749 年に，外科医ケネーは国王ルイ 15 世の寵姫ポンパドゥール侯爵夫人の侍医となり，ヴェルサイユ宮殿に居住するようになる。1751 年に科学アカデミー会員に推挙され，ヴェルサイユ宮殿の「中二階」にはダランベールやディドロなどが出入りした。ケネーは 62 歳の時，ディドロの依頼により，『百科全書』のために，「借地農論」（1756 年）を書いた。彼はここで，フランス農業の改革ヴィジョンを提示した。翌年には，「穀物論」（1757 年）を発表した。こうした中で，『経済表』「原表」（1758 年）は，ヴェルサイユ宮殿の印刷所で印刷された。しかし，ケネーが 70 歳となる 1764 年に，ポンパドゥール侯爵夫人が亡くなり，彼は王宮内での後

4

ろ盾を失った。1774年，5月にルイ15世が逝去し，12
月にケネーは80歳で亡くなった。

Ⅲ　コルベール主義批判

　外科医ケネーが『経済表』（1758年）を印刷した頃，
フランスの経済政策を支配していたのはコルベール主義
であった。当時のフランスは，絶対王制の時代であり，
国王ルイ15世（1715-74）の統治下にあった。フランス
の絶対王制の頂点は，ヴェルサイユ宮殿を建てたルイ
14世の統治であったが，封建制が地方分権的であった
のに対し，絶対王制は国王が中央集権的権力を集中させ
ようとした。絶対王制は，国王が直接人民を統治するた
めに，強力な官僚機構を必要とした。ルイ14世（その
治世は1643-1715）のもとで，財務総監ジャン・バプティ
スト・コルベール（1619-83）は，典型的な絶対王制的重
商主義政策を行った（岡田，1978，11-13）。

　イギリスやオランダなどの列強との対抗関係の中で，
コルベールは，フランス財政の基盤であるフランス国民
経済の形成をはかろうとした。彼は，貿易差額（輸出－
輸入）がプラスになれば，国内に多量の貨幣が流入して，
国富は増大すると考えた。そのために彼は，低賃金政策
による輸出拡大と関税政策による輸入制限を実施した。
国内の産業を保護育成して国際競争力の増大をはかる政

策をとった。植民地経営と外国貿易のための特権的貿易会社を設立し，官僚行政機構を通して，特権商人に国王からの補助金を与えて特権マニュファクチュールを作らせ，王立のマニュファクチュールも設立し，商工業の振興をはかった。こうした国家による商工業の振興により，外国貿易に従事する独占的な特権商人は大きな利益を得ることができた。しかし，農民たちは，過酷な租税や低穀物価格政策と低賃金政策により，貧困のままであった（岡田，1970，12-15）。

ケネーは「借地農論」（ケネー，1952，1-45）において，馬耕三圃制による大農経営と牛耕二圃制による小農経営とを比較し，馬耕の方が効率的であり，優れていることを実証した。当時のフランスでは，牛耕による貧しい小農経営のもとで耕作されていた。しかも当時のフランスで支配的な小作制は，分益小作制であった。これは，収穫の一定割合を小作料として支払わなければならないため，小作農民の生産性向上への意欲を喚起するものではなかった。これに対して，定額小作制は，小作農民の意欲を喚起し，収穫を増進しようとする努力を促進するものである。彼は，生産効率の悪い分益小作制のもとでの牛耕二圃制というフランス農村の現状を改革し，定額小作制のもとでの馬耕三圃制の導入を提唱した。ケネーは，コルベール主義批判という明確な問題意識のもとに，「富裕なフェルミエ（借地農）による大農経営」のヴィジ

ョンを提示したのである。

　ケネーは「穀物論」（ケネー，1952，46-131）において，コルベール主義の商工業重視政策を批判した。ケネーによれば，農業は根幹であり，商工業は枝葉である。しかるに，コルベール主義では，枝葉である商工業にのみ眼を奪われて，根幹である農業を軽視している。都市の繁栄と，貨幣の蓄積にのみ眼を奪われて，奢侈と過度の支出に陥っている。コルベール主義では，一国の経済は，やがてその根幹において疲弊してしまうであろう。ただし，農業経営が改良されたとしても，穀物の流通が機能しなければ，元も子もない。その意味で，根幹の農業だけではなく，枝葉の商工業も必要であるとされた。

　また，ケネーは，穀物価格に関して，良価＝生産費＋利潤，という「良価」の理論を提示した。彼は，「良価」の実現のために，恣意的で過酷な課税の廃止と，穀物取引の自由化を提唱した。このような，「富裕なフェルミェ（借地農）による大農経営」のヴィジョンは，その後もケネーの経済思想に一貫したものであった。しかし，「ケネー経済表以前の諸論稿」には，理論モデルが備わっていなかった。まさに『経済表』は，ケネーの経済思想における理論的な保護帯として提示された，ということができるであろう（井上，2013，299）。

Ⅳ 「経済表」の経済循環

ケネーの『経済表』には，成立順に，「原表」(1758年)，「略表」(1763年)，「範式」(1767年) という3種類があるが，ここでは，『経済表』の完成形態とされる「経済表の範式」(図は，ケネー，2013，121) を取り上げて検討する。

「経済表の範式」(以下，「経済表」という) には，次のような前提がある。「経済表」とは，当時のフランスの

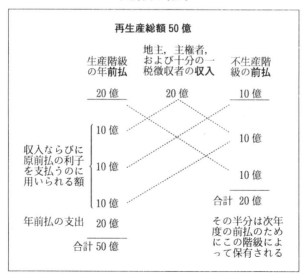

経済表の範式

8

現実の社会ではなく，仮想的な「農業王国」のモデルを提示しようとしたものであった。その国土面積は約1億3,000万アルパンであり，この国土を良好な状態に維持するために必要な経営的富の基本は，約120億（ルーブル，以下同じ）であり，人口は約3,000万人である。商業の自由競争と農業の経営的富の所有権に関する完全な保証とが常に存在して，穀物の輸出自由化と，穀物価格の「良価」（＝生産費＋一定の利潤）が実現している。ケネーの「農業王国」では，大規模な農業経営が行われている（ケネー，2013，110-111）。

　ケネーは資本を「前払」として把握している。年再生産の生産費である「回収」とは，年々の投資のことである。「土地前払」とは，土地の維持や改良のための投資であり，これは地主階級が負担する。「原前払」100億は，資本投下の最初において必要な投資であり，一種の創業資本である。これには固定資本としての家畜や道具の他に，最初の年に必要な種子，賃金も含まれている。「原前払の利子」10億は，最初に投下される固定資本の償却費である。固定資本の耐用期間は10年，毎年10％の比率で年々償却される。「年前払」20億は，賃金や種子，役畜の飼料などであり，毎年再生しては消費されてしまう。これはほぼ流動資本のことである。「年前払」20億に対する「純生産物」20億の比率を表す「純生産率」は100％と仮定されている（大野，1988，54）。

ケネーの「経済表」の社会は，3つの階級から構成される。①生産階級，②不生産階級，そして③地主階級の3つである。第1の生産階級は，大規模借地による大農法の経営主体としての富裕なフェルミエ（借地農）により構成される。生産階級は，「純生産物」を生み出す唯一の階級である。第2の不生産階級は，商工業者から構成されるが，彼らは農業生産物の形を変えて加工品を作るに過ぎない。これは，有用な部門ではあるが，「純生産物」を生まないという意味において，不生産的な部門とされている。第3の地主階級は，主権者（国王），僧侶（10分の1税徴収者），そして貴族（土地所有者としての地主）から構成される。

「経済表」では，農業部門だけが「純生産物」を産出しうると規定する。純生産は，そこにのみ租税が課されるべきファンドを形成している。こうした理論に基づき，ケネーは「単一地租税」の導入をした提唱した（井上，2013，302）。

「経済表」の生産階級は，20億の「年前払」と10億の「原前払の利子」との合計である30億の年間投資＝年基本の投下によって，毎年50億の農産物を生産する。「純生産物」は20億である。期首の段階で，地主階級は生産階級から受け取った地代20億を貨幣で所持している。不生産階級は「年前払」10億を貨幣で所持している。以下，「経済表」の経済循環は次のようになる。

10

　まず，不生産階級は，前年度から持ち越した「年前払」
10 億の貨幣を支払い，生産階級から原料を購入して，
加工品 20 億を生産する（井上，2013，297）（これは向かっ
て右上の下線を引いた 10 億から生産階級の 10 億に引かれた
左下がりの点線で示される）。ここで，10 億の原料を使い
加工品 20 億を仕上げる不生産階級の活動は，次年度へ
は 10 億の「年前払」しか残さないので不生産的とされ
ているのである（大森，1989，31）。地主階級は，地代収
入 20 億の貨幣のうち，その半分である 10 億を生産階級
に支払い，生産階級から食料を購入して消費する（これ
は中央から左下がりの点線で示される）。地主階級は，残り
の貨幣 10 億を不生産階級に支払い，不生産階級から加
工品を購入して消費してしまう（これは中央から右下がり
の点線で示される）。不生産階級は，地主階級から受け取
った貨幣 10 億を生産階級に支払い，食料を購入して消
費する（これは右側中段から左下がりの点線で示される）。

　生産階級は地主階級と不生産階級との取引により貨幣
30 億を受け取るが，そのうちの 10 億の貨幣は「原前払
の利子」である。減耗した原前払の補填用として，不生
産階級から加工品 10 億を購入するために支払われる
（これは左上の下線を引いた 20 億から右下がりの点線で示さ
れる）。残りの 20 億の貨幣は，生産階級から地主階級へ
地代として支払われる（これは表に点線で示されていない）。
こうして，経済循環は完結する。期末には期首と同様の

状態が再現し，単純再生産が繰り返される（新村，2001，24-25）。

「経済表」には単純再生産の世界が描かれていたが，その場合，地主階級は，その地代20億を折半して，10億を生産階級へ，残りの10億を不生産階級へ支出すると仮定されていた（井上，2013，295）。もし，地主階級が10億以上を生産階級に支出したとすれば，「純生産物」は20億以上に増加することになるであろう。今，地主階級の地代収入から生産階級へ支出される比率をλとすれば，λが2分の1以上の場合は，拡大再生産となるであろう。逆に，λが2分の1以下の場合は，縮小再生産となるであろう（根井，2005，37）。

V　むすび―社会改革のヴィジョン―

Ⅱでは，ケネーの生涯を概観し，彼の経済思想の形成過程を考察した。Ⅲでは，ケネーのコルベール主義批判について検討した。ケネーの「富裕なフェルミエ（借地農）による大農経営」というヴィジョンは，すでに「経済表」以前の諸論稿において提示されていた。しかし，「経済表」以前の初期段階では，ケネーの経済学体系における理論的な保護帯は，いまだ装備されてはいなかった。Ⅳでは，「経済表」をケネー経済学体系における保護帯としての理論モデルと理解した上で，「経済表」の

経済循環について考察した。ケネーの経済思想の最大の特質は，彼の社会改革のヴィジョンの中にあり，ケネーの経済思想の現代的意義は，コルベール主義的な農業軽視政策を批判する点にある，ということを明らかにした。

ケネーは，高賃金を実現するために，穀物の輸出入の自由化政策を提唱した。彼は，「良価」の実現による高価格と高賃金によって，農村の貧困問題は解決可能であると考えた。農業を重視することはケネーの経済思想の特質であるが，農業のみが生産的労働であるとの見解は，ケネーの経済思想の限界であった。ケネーの経済思想の最大の特質は，農業生産重視の見解の中にではなく，社会改革のヴィジョンの中にあった。コルベール主義の外国貿易重視・商工業重視の政策によっては，農村の疲弊を避けることはできない。しかし，安易に農業を保護する政策では，貧しい分益農による小農経営を保護することになってしまう。

ケネーは，「富裕なフェルミエ（借地農）による大農経営」が支配的になることによって，国民と国家はともに豊かになることができると考えた。彼は，「単一地租税」の導入を提唱して，富裕なフェルミエ（借地農）が安心して資本を農業に投下できるような社会を構想した。その際，ケネーは，専制君主を啓蒙することに望みを託して，上からの社会改革の処方箋を提示しようと模索した。この点は，ケネーの経済思想の限界として指摘しておき

たい。

　スミスは『国富論』第4編第9章で，ケネーの経済思想を重農主義と呼んでいる。重農主義では，農業階級のみが「純生産物」を生み出すとされ，農業だけが生産的労働であるとされている。しかし，スミスにおいては，資本投下の自然的順序は，農業 → 製造業 → 国内商業 → 外国貿易である。農業が最も生産的であるが，商工階級の労働も生産的労働に分類される。農業を過度に重視して商工業を人為的に制限する政策は，農業を阻害することになるであろう。スミスはケネーの経済思想をこのように批判した。スミスは『国富論』第4編で，重商主義と重農主義に対する両面批判を展開した。フランス革命が起きるのは，ケネー亡き後のことである。

[参考文献]

ケネー，F. 1952. 『ケネー全集』第2巻，島津亮二・菱山 泉訳，有斐閣。

ケネー，F. 2013. 『経済表』平田清明・井上泰夫訳，岩波文庫。

井上泰夫. 2013. 「訳者解説：ケネー経済表と21世紀の経済学」『経済表』岩波文庫。

大野忠男. 1998. 『経済学史』岩波書店。

大田一廣. 2005. 「フランソワ・ケネー」坂本達哉編『経済思想3 黎明期の経済学』日本経済評論社。

大田一廣. 2006. 「フランソワ・ケネー」大田一廣・鈴木信雄・高 哲男・八木紀一郎編『新版 経済思想史』名古屋大学出版会。

14

大森郁夫．1989．「資本主義化の過程と経済学」早坂 忠編『経済
　　学史』ミネルヴァ書房。

岡田純一．1970.『経済思想史』東洋経済新報社。

岡田純一．1978．「フランソワ・ケネー」水田 洋・玉野井芳郎編
　　『経済思想史読本』東洋経済新報社。

岡田純一．1982.『フランス経済学史研究』御茶の水書房。

新村　聡．2001．「市場経済の発展と古典派経済学」中村達也・
　　八木紀一郎・新村 聡・井上義朗『経済学の歴史』有斐閣アルマ。

根井雅弘．2005.『経済学の歴史』講談社学術文庫。

菱山　泉．1990.『ケネーからスラッファへ』名古屋大学出版会。

第**2**章
アダム・スミスの経済思想

Ⅰ　はじめに

　本章はアダム・スミス（Adam Smith, 1723-90）の経済思想の特質と現代的意義およびその限界を取り扱う。本章は次のように構成される。Ⅱではスミスの生涯を概観し，彼の経済思想の形成過程を考察する。Ⅲでは共感の原理を取り上げる。「公平な観察者」の共感が得られる限り，各人の利己的な行為は国富を増進させるという「見えざる手」の思想は，スミスの経済思想の特質である。Ⅳでは国富の本質と原因について検討する。国富増大の根本的原因はトレードの自由であるという自由主義の考え方は，スミスの経済思想の特質である。Ⅴでは「富と徳」両立論について検討する。中流・下流の人々の場合，富獲得の経済行為は徳の形成と一致するとされた。独占精神批判という視点の中に，スミスの経済思想の現代的意義を見出すことができる。

Ⅱ　スミスの生涯

　スミスは，1723年スコットランドのカーコーディに生まれ，1790年スコットランドのエディンバラで亡くなった。1707年，スコットランドはイングランドと合邦した。1737年，グラスゴウ大学に入学し，忘れえぬ恩師フランシス・ハチスンから道徳哲学を学んだ。1740年，イングランドのオックスフォード大学に入学する。1745年，ジャコバイトの乱が起こる。スミスは，1746年カーコーディへ戻った。1748年から3度の冬に，スミスはエディンバラで，修辞学，哲学史および法学の公開講義を行い，好評を博す。スミスは1751年1月，母校グラスゴウ大学の論理学教授に就任し，1752年4月，道徳哲学の教授となる。1764年3月に辞任するまでの13年間を，グラスゴウ大学教授として過ごした。スミスは，1759年4月『道徳感情論』を出版した。

　1748年にはモンテスキューの『法の精神』が出版され，1752年にはデイヴィッド・ヒューム（1711-76）の『政治論集』が出版されている。

　1759年の夏，『道徳感情論』を読んだ政治家チャールズ・タウンゼントがスコットランドにやって来た。タウンゼントはスコットランドの若きバックルー侯爵の後見人であった。侯爵邸はエディンバラの南郊ダルキースに

あった。タウンゼントはスミスをそこに招き，バックルー侯の家庭教師となることを依頼した。タウンゼントは，1766年にイギリスの大蔵大臣となり，1767年には，植民地貿易を本国が独占するための航海条例を強化して，アメリカ植民地にタウンゼント法と呼ばれる茶の輸入税法を新設した。その年9月に急死する。

　1773年末，東インド会社の茶を積んだ船がボストンに入港した時，ボストンの急進派は，「代表なしに課税なし」という論理で，船を襲って茶を海へ投げ捨てた。ボストン・ティー・パーティーである。イギリス本国政府は，東インド会社に滞貨した茶をアメリカ植民地へ持ち込むことにより，会社の窮状を救おうとした。同時に，タウンゼント法による税収増加を図った。しかし，植民地側からすれば，東インド会社の茶の輸入は，独占のシンボルとして映り，容認できないものであった（水田，1997, 114）。1764年，スミスはグラスゴウ大学を辞任し，バックルー侯爵の大陸旅行の家庭教師として，フランスへ出発した。一行は1766年11月，ロンドンに帰ってきたが，スミスは約半年，ロンドンに滞在した。ジェイムズ・ステュアート（James Steuart, 1713-80）の『経済の原理』がロンドンで出版されたのは，1767年1月のことである。1767年5月，スミスは母の待つ故郷カーコーディへ帰り，執筆に専念した。『国富論』を出版したのは，1776年3月のことである。

スミスが生きた 18 世紀のイギリス（連合王国）は，名誉革命（1688 年）後の「固有の重商主義」の段階である。スミスの経済思想は，英仏七年戦争（1756-63 年），アメリカ独立戦争（1775-83 年）という時代背景の中で形成された。スミスは 3 つの革命を経験した。イギリス産業革命（1760 年代-1830 年代），アメリカ革命＝独立（1776年），フランス革命（1789 年）である。スミスは，『国富論』（初版 1776 年，第 5 版 1789 年）において，輸入制限と輸出奨励という重商主義政策を批判した（『国富論』を *WN* と略記する）。重商主義政策とは，農業よりも外国貿易や製造業を優先する政策である。スミスによれば，資本投下の自然的順序は，農業→製造業→国内商業→外国貿易である。スミスは，重商主義体制を批判し，その撤廃後に，「正義の法を侵さない限り」，各人の利己的な行為は，意図せずして社会全体の幸福を増進するという「自然的自由の体制」を志向した。

Ⅲでは，スミスの『道徳感情論』における共感の原理について考察する。Ⅳでは，『国富論』における国富の本質と原因について考察する。Ⅴでは，スミスの「富と徳」両立論について検討する。

III 共感の原理

1. 公平な観察者

スミスは『道徳感情論』において，社会における諸個人を考察の対象とした。人間には，利己心と利他心が両方備わっている。「人間がどんなに利己的なものと想定されうるにしても，明らかに彼の本性の中には，何らかの原理があって，それは，彼に他の人々の運不運に関心を持たせ，彼らの幸福を，それを見る喜びのほかには何も，彼はそれから引き出せないのに，彼にとって必要なものたらしめるのである」(*TMS*, 水田訳5ページ。以下，訳のページ数を記す)。社会における個人は，他者との関係において，ある場合には行為者であるが，同時に他の場合には他者の行為の動機や結果を道徳的に判断する観察者である。社会における個人は，行為者であると同時に観察者である。スミスは，他者の行為を道徳的に判断する場合の原理に関して，次のようにいう。

観察者が，行為者ないし主要当事者の行為の動機や結果に対して，「想像上の立場の交換」(*TMS*, 27)を行うことによって共感が成立する。観察者が想像力によって行為者の立場に移入することにより，行為者の動機と感情についていく場合に，行為者の動機と感情は，観察者によって道徳的に適宜性を得たものとして是認される。

観察者には，行為者と利害関係のない，見ず知らずの冷静で客観的な立場が要請される。行為者でも観察者でもない第三者の立場を「公平な観察者」（*TMS*, 31）という。共感の原理は，道徳的判断を可能にする諸個人間の相互交通の原理である。

　社会的分業が発達した社会では，各人は道徳的に是認されなければ，社会の中で生きていくことはできない。行為者は，「公平な観察者」の判断を意識して，強烈な利己心を自己規制するようになる。観察者も，行為者の動機と感情についていこうとして感情を高めるであろう。行為者と観察者との感情の歩み寄りによって，両者の感情が一致した時に，共感が成立する。スミスにおいて共感は，「想像上の立場の交換」によって，「公平な観察者」の是認がえられる場合に成立する。「公平な観察者」の立場は，日常生活の場面で，行為者と観察者との間で，道徳的適性に関する相互的・想像的共感が繰り返されることによって，経験的に形成される。「公平な観察者」がついていける行為とは，その行為者の動機や感情が，中庸的な場合である。スミスは，道徳的判断の根拠を，理性にではなくて，道徳感情に求めた。

2．見えざる手の思想

　スミスは，「公平な観察者」の共感が得られるような，各人の利己的な行為は，意図せずして社会全体の国富増

大と幸福をもたらすという考え方を,「見えざる手」と表現した (*TMS*, 281)。社会的分業が発達した社会では,人間は社会の中でしか生きることができない存在である。社会における個人は,相互に援助を必要としているが,相互に侵害にさらされている。各人は,その生存に必要な他者の生産物を交換によって獲得する (*TMS*, 134)。社会における個人は,自分自身の利益のために経済行為を行う。スミスはいう。「われわれが自分たちの状態の改善と呼ぶ人生の大目的によって,意図する諸利益は何であろうか。観察されること,注目されること,共感と好意と明確な是認とをもって注目されることが,われわれがそれから引き出すことを意図し得る,有利な点のすべてである」(*TMS*, 73) と。

　社会における個人が経済的競争や勤労によって意図する利益とは,他者から共感と好意と是認をもって注目されることである。各人は他者から注目されたいと願って,富を獲得するのである。富を獲得すれば他者の注目を集めることができる。スミスはいう。「人類が,われわれの悲哀に対してよりも歓喜に対して,全面的に共感する傾向をもっているために,われわれは自分の富裕をみせびらかし,貧乏を隠すのである」(*TMS*, 72) と。「富裕な人びとおよび勢力のある人びとの,すべての情念についていくという,人類のこの性向の上に,諸身分の区別と社会の秩序とが,築かれるのである」(*TMS*, 76) と。

人間には，他者の悲哀に対してよりも歓喜に対する方が共感しやすいという性向があるために，貧者に対してよりも富者に対してわれわれは注目するのである。富裕な人びとの情念に共感しやすいという人間の性向によって，諸身分の区別と社会秩序の形成とが説明されている。社会の秩序は，知恵や徳にではなく，財産の違いに基づいて形成される，とスミスはいう。「自然は賢明に，諸身分の区別，すなわち社会の平和と秩序が，目に見えず，しばしば不確実な，知恵と徳性の違いに依存するよりも，出生と財産という明白な違いに依存する方が，安全であろうと判断した」(*TMS*, 460) と。

人間を経済的競争や勤労に駆り立てる動機は，社会において他者に是認され注目されることである。スミスによれば，社会において人間が他者から注目され尊敬されるためには2つの道がある。1つは，知恵の研究と徳の実践による，慎慮，正義，不動，節制という「徳への道」である。もう1つは，財産を増やして上流の地位を獲得するという「富への道」である (*TMS*, 95)。2つの道は，中流・下流の人びとにとっては，幸いにも，一致する。ただし，2つの道が一致するのは，①中流・下流の人びとが，獲得することを期待しても妥当であるような財産を追求する場合であって，かつ②かなり規則正しい行動がなされる場合に限られる (*TMS*, 96-97) とされている。スミスは，「この羨望される境遇に到達するために，財

産への志願者たちはしばしば，徳への道を放棄する」と指摘する。また，「多くの政府において，最高の地位への志願者たちは，法律を越える」（TMS, 98）ことがあると指摘する。富裕な人びとを崇拝し，貧しい人びとを軽蔑するという人間性向から，諸身分の区別と社会秩序の形成を説明する一方で，スミスは，こうした人間性向が道徳的な腐敗・堕落の原因であるとした（TMS, 95）。

　スミスにおいて，社会的分業が十分に発達するようになると，人間は社会の中でしか生きることができない。人間には，他者から共感をもって注目されたいという感情があり，これが動機となって各人は利己的な経済行為を営む。人間には，貧者に対してよりも富者に対して共感しやすい，という性向がある。このため，財産所有者になれば他者から尊敬され注目される，という可能性が高まる。中流・下流の人びとの場合，「富への道」は，一定の条件の下で，「徳への道」と一致する。

　スミスによれば，本来，富の獲得という経済行為は，人間が幸福になるための手段にすぎない。幸福について，スミスは次のようにいう。「健康で負債がなく，良心にやましいところのない人の，幸福に対して，何を付け加えることができようか」（TMS, 65）と。また，「幸福は，平静と享楽にある。平静なしには享楽はありえないし，完全な平静があるところには，どんなものごとでも，それを楽しむことができないというようなものごとは，め

ったにないのである」(*TMS*, 261-262) と。ところが，社会の中で生活する個人にとっては，自らの境遇が他者の目にどのように映るかということが大きな関心事となる。そのため，富の獲得という本来は手段であったものが，目的化されてしまう傾向がある。手段の目的化の過程は，「自然の欺瞞」と呼ばれる。

「自然がこのようにわれわれをだますのは，いいことである。人類の勤労をかき立て，継続的に運動させておくのは，この欺瞞である。最初に彼らを促して土地を耕作させ，家屋を建築させ，都市と公共社会を建設させ，人間生活を高貴で美しいものとするすべての科学と技術を発明させたのはこれなのであって，地球の全表面を全く変化させ，自然のままの荒れた森を快適で肥沃な平原に転化させ，人跡未踏で不毛の大洋を，生活資料の新しい資源とし，地上のさまざまな国民への交通の大きな公道としたのは，これなのである」(*TMS*, 280)。社会における個人は，自分の生活をもっとよくしたいと願って，富を増加させようとする。富獲得の主観的意図は，他者から注目され賞賛されることである。しかし，その客観的帰結は，国富増進である。「公平な観察者」の共感が得られる限り，各人の利己的な行為は国富を増進させるのである。この「見えざる手」の思想は，スミスの経済思想の特質であった。

Ⅳ　国富の本質と原因

1．重商主義批判

　スミスが『国富論』を出版したのは，アメリカ植民地がイギリス本国からの独立を宣言した 1776 年である。『国富論』の課題は，国富の本質と原因に関する探究である。当時のイギリスは，名誉革命（1688 年）後の「固有の重商主義」の時代である。「固有の重商主義」の政策は，①製造業だけではなく農業も保護された連帯保護制度，②アメリカ植民地に代表される旧植民地制度，③近代的租税・国債制度，という 3 つであった。重商主義体制においては，国富増大のために海外市場は不可欠なものとされ，可能ならば平和的に，しかし必要ならば武力を用いて，海外植民地が拡張されていった。

　重商主義の思想とは国富＝貨幣観であり，重商主義の理論とは貿易差額説であり，重商主義の政策とは輸入制限と輸出奨励であった。こうした思想状況の中で，スミスは，真の国富とは何か，国富増大の原因は何かを問い直そうとした。スミスは，『国富論』第 4 編第 1 章において，重商主義の思想としての国富＝貨幣観を批判した。「富とは貨幣すなわち金銀のことだという考え方は，貨幣が，商業の用具として，ならびに価値の尺度として，二重の機能をもつことから，自然に生じた通俗の見解で

ある」（*WN*, 大河内監訳Ⅱ, 76 ページ。以下, 訳のページ数を記す）。

国富＝貨幣観という重商主義の思想は, 国内の貨幣量増大のためには貿易差額の増大を図るべきであるという, 貿易差額説の基礎であった。貿易差額説からは, 輸入制限と輸出奨励という重商主義の政策が導出された。重要主義の思想とは国富＝貨幣観であり, 重商主義の理論とは貿易差額説であり, 重商主義の政策とは輸入制限と輸出奨励であった。

これに対して, スミスは次のようにいう。「国民の年々の労働は, その国民が年々消費する生活の必需品と便益品のすべてを本来的に供給する源であって, この必需品と便益品は, つねに, 労働の直接の生産物であるか, またはその生産物によって他の国民から購入したものである」（*WN*, Ⅰ, 1）と。スミスによれば, 真の国富とは, 国民の年々の労働の生産物である。輸出奨励や輸入制限によって貿易差額を増大させようとする貿易統制は, 不必要な政策である。政府による貿易統制は, 真の国富増大にとって有害であるとされた。スミスの思想とは国富＝消費財の低廉・豊富であり, スミスの理論とは国際分業論と「節約の美徳」論であり, スミスの政策とは自由貿易であった。『国富論』においてスミスが示した, 国富増大の直接的原因は, 社会的分業と「節約の美徳」であり, 国富増大の根本的原因はトレードの自由であった。

2．分業と節約

『国富論』における国富増大のキーワードは，分業と節約である。アダム・スミスにおいて，国富増大の直接的原因は，①社会的分業の発達と，②農村のジェントルマンたちの「節約の美徳」の回復という2つである。社会的分業が発達すれば生産力が増進し，節約＝資本蓄積によって生産的労働の割合が増大すれば，国富が増大する。国民の年々の労働の生産物（＝国富），すなわち消費財の低廉・豊富は，貿易統制によってではなく，分業と節約によって実現するとされた。

スミスによれば，よく統治された社会では，社会の最下層にまで広く富裕がゆきわたるのであるが，社会の富裕の原因は社会的分業である。ところで，そうした社会的分業の発達は，国内と海外の市場の大きさによって制限される。植民地貿易には，国際分業の発達にとって不可欠な，海外市場を提供するというプラスの経済的効果がある。問題は，植民地貿易の独占であった。植民地貿易の独占の問題点は2つある。第1に，植民地貿易の独占は，貿易の自由が許された場合に比べ，市場を制限することにより，本国の社会的分業の発達を阻止する，第2に，植民地貿易の独占は，中継貿易部門に高利潤率をもたらし，特権的な貿易商人の生活ぶりを浪費的にするが，その影響により，農村のジェントルマンたちの「節約の美徳」が破壊されてしまう。

社会的分業と「節約の美徳」は，スミスにおいては，人間本性にかなっており自然的なものであると考えられていた。まず，社会的分業に関してスミスは『国富論』第1編第2章「分業を引き起こす原理について」の中で，次のようにいう。「人はだれでも，自分自身の労働の生産物のうち自分の消費を超える余剰部分を，他人の労働の生産物のうち彼が必要とする部分と交換することができるという確実性によって，特定の職業に専念するように促される」(WN, I, 28)。スミスによれば，分業は人間本性上の交換性向から生じる。その交換性向は利己心によって刺激されて，職業分化を引き起こすのである。

分業と市場の関係について，スミスは『国富論』第1編第3章「分業は市場の大きさによって制限される」の中で，次のようにいう。「市場がごく小さい場合には，どんな人も，1つの仕事にだけ専念する気持ちにはとてもなれない」(WN, I, 31)。職業分化と産業間分業，すなわち社会的分業の発達のためには，大きな市場が必要である，というのである。

スミスは『国富論』第3編第1章「富裕になる自然の進路について」の中で，次のようにいう。「都市は農村の余剰生産物に対して，つまり，耕作者の生活維持を超える余剰分に対して，市場を提供する」(WN, II, 4)。都市と農村との間の分業，すなわち製造業と農業という産業間分業についても，両者の利得は相互的である，と

スミスは考えている。また，スミスは，『国富論』第4編第3章「貿易差額が自国に不利と思われる諸国から輸入されるほとんどあらゆる種類の財貨に対する特別の制限について」の中で，次のようにいう。「隣国が富んでいるということは，戦争や政略の上からは恐るべきものだとしても，貿易上は確かに有利なことである」（*WN*, Ⅱ, 186）と。スミスは，国際分業論を理論的基礎として，自由貿易論を主張した。

　次に，「節約の美徳」に関して，スミスは『国富論』第2編第3章「資本の蓄積について，すなわち，生産的労働と不生産的労働について」の中で次のように述べる。「資本は節約によって増加し，浪費と不始末によって減少する」（*WN*, Ⅰ, 528）。「節約は，生産的労働の維持にあてられる基金を増加させることによって，その労働が投下される対象の価値を増加させる労働者の数を増やすものである。したがって節約は，その国の土地と労働の年々の生産物の交換価値を増加させる傾向がある。それは，勤労の追加量を活動させ，その追加量が年々の生産物に追加的価値を与えるのである」（*WN*, Ⅰ, 529）。「大国が，私的な浪費や不始末によって貧乏になるようなことは決してないが，公的な浪費や不始末によってそうなることは時々ある」（*WN*, Ⅰ, 535）。「ある国の土地と労働の年々の生産物がその価値を増加するのには，その国の生産的労働者の数を増やすか，これまで用いられてい

た生産的労働者の生産力を高めるか，そのどちらかによる以外には方法がない」(*WN*, I, 536)。「節約は，公共社会の資本を増加させ，浪費はそれを減少させる」(*WN*, I, 542)。

　また，スミスは次のようにいう。「浪費についていうなら，支出を促すのは，たった今楽しみたいという衝動である。この衝動はときにはきわめて激しくなり，抑えるのが難しくなるが，普通は一時的だし，ときおりしか起こらない。これに対して，貯蓄を促すのは，生活をもっとよくしたいという欲求である。この欲求は一般に冷静で落ちついたものだが，母親の胎内にいるときに生まれ，墓場に入るまで決してなくならない。胎内から墓場までの全期間に，自分の生活に完全に満足して，変化や改善は何も望まなくなる瞬間はおそらくないのが普通だろう。生活をもっとよくしたいと思うとき，大部分の人が考え望む手段は，富を増やすことである。これが，最も普通だし，すぐに思いつく手段である。そして，富を増やすために最もよく使われるとみられるのが，年々の通常の収入から，あるいは特別の機会に得られた収入から，一部を貯蓄して蓄積していく方法である。したがって，支出を促す衝動は，ほとんどの人にとってはときおり，一部の人にとってはほぼいつも，抑えきれなくなるものだが，大部分の人にとっては人生の全体を通して平均すれば，倹約しようという欲求の方が強いし，それも

圧倒的に強いとみられる」（*WN*, I, 534-535. 山岡訳，上349-350.）。

このように，スミスにおいては，「節約の美徳」は自然的なものである。ところが，植民地貿易の独占があると，市場は制限されて，社会的分業は十分に発達することができない。生まれながら備わっている「節約の美徳」も，植民地貿易の独占による高利潤率のために，破壊されてしまう。『国富論』では，人間本性上の交換性向が，利己心によって刺激されて社会的分業を引き起こす。しかし，いかなる社会においても各人の利己心が自ずと社会的分業の発達をもたらすわけではない。むしろ，特定の貿易商人に排他的特権が与えられている特権的社会においては，特権者の利己心は，社会的分業の発達にとって悪影響を及ぼす，というのがスミスの考え方であった。

スミスは，重商主義体制を撤廃して，特権や制限のない「自然的自由の体制」の成立を志向した。『国富論』における「見え.ざる手」の思想は，ヴィジョンとしての「自然的自由の体制」を想定した上で展開されていた。スミスにおける国富増大の直接的原因は，社会的分業と「節約の美徳」であった。しかし，社会的分業の発達と「節約の美徳」の実現を保障するものは，「正義の法を侵さない限り」において，「自分の問題を自分のやり方で処理することの自由」（*WN*, II, 313）である。スミスにおける国富増大の根本的原因は，トレードの自由である。

こうした自由主義の考え方は，スミスの経済思想の特質であった。

V 「富と徳」両立論

1．徳の形成

スミスは，富と徳の関係について，どのように考えていたのであろうか。1755 年に作成し，自らが属するクラブに提出したといわれる「55 年文書」の中で，次のように述べている（田中，2009，57）。「国家を最低の野蛮状態から最高度の富裕に導くのに，平和と軽い税と正義の寛大な執行以外のものは，ほとんど必要ない。他の一切は，事物の自然の行程によってもたらされるからである」と。ここには，政府の役割は，①平和を維持して，②軽い税を課して，③正義（司法）を寛大に執行する，という 3 つだけであるとのエディンバラ講義以来の「不変の主題」が提示されている（水田，1997，34）。

『国富論』第 4 編第 9 章では，政府の役割は，①平和のための国防，②正義のための司法，③学校教育や道路・港湾整備といったある種の公共事業を維持するための軽い税の徴収という 3 つであるとされている（*WN*, Ⅱ, 511）。

ここでは，慎慮，正義，慈恵という，『道徳感情論』における 3 つの基本的な徳について考えてみたい。スミ

スは，人間の行為と性格を，2つの側面から考察している（TMS, 443）。1つは，自分自身の幸福に作用する場合であり，ここから慎慮の徳が生まれる。もう1つは，他人の幸福に作用する場合である。後者はさらに次の2つの場合に分けられる。まず，他人の幸福に対して害を与えないようにわれわれを抑制するところに正義の徳が生まれる。一方，他人の幸福を促進するようにわれわれを促すものとして慈恵の徳が生まれる。慎慮は利己的な意向によって勧告されるのに対して，正義と慈恵は利他的な意向によって勧告される。

慎慮について，スミスはいう。「身体を維持し健康な状態に置くことは，自然が最初に各人の配慮を求めている諸対象だと思われる」（TMS, 444）。「慎慮ある人は，公平な観察者および公平な観察者の代理人である胸中の人の，完全な是認によって支持されると共に報償される」（TMS, 447）。このように，慎慮の徳は，自分自身の安全を保障するために積極的に行為することである。慎慮ある人は，自分に課された義務以外の業務には介入しないし，党派的争論には加わらない。

正義と慈恵について，スミスはいう。「慈恵は正義よりも，社会の存立にとって不可欠ではない。社会は慈恵なしにも，最も気持ちがいい状態においてではないとはいえ存立しうる。しかし，不正義の横行はまったく社会を破壊するにちがいない」（TMS, 135）。「慈恵は，建物

を美しくする装飾品であって建物を支える土台ではなく，したがって慈恵は勧められれば十分であり，決して強制する必要はない。それに対して正義は，大建築の全体を支える大黒柱である」（*TMS*, 135）。正義を侵すものは，憤慨の対象となって処罰される。正義の目的が，人間の生命，財産，権利を守ることである。慈恵は強制できないものであるから，感謝の対象となる。慈恵は積極的な徳であり，正義は消極的な徳である。慈恵が社会の装飾品であるのに対して，正義は，社会の大黒柱であり，文法の諸規則に例えられていた（*TMS*, 230）。

　スミスは，慎慮，正義，慈恵という基本的な3つの徳を統括する徳として，自己規制を重視している。「最も完全な自己規制によって支えられていないならば，必ずしも常に彼を，自分の義務を果たしうるようにはしないであろう」（*TMS*, 473）。人間は，自分の友人の前にいる時と，単なる知人の前にいる時と，まったく見知らぬ人びとの前にいる時とでは，自己規制の程度が異なる。見知らぬ人々に対する時が，最も強い自己規制が必要とされる。スミスは，見知らぬ人々の共感が得られるように，行為や感情を自己規制することをすすめた。スミスは，慎慮，正義，慈恵という3つの徳を，共感の原理によって説明した。

　スミスは，中流・下流の人々を構成メンバーとする「自然的自由の体制」を想定した上で，「富と徳」とが両

第2章　アダム・スミスの経済思想　35

立する可能性を志向した。中流・下流の人々は，社会の中で勤勉に努力しなければ，他者の是認を得ることができない。中流・下流の人々は，他者から称賛されるために，勤勉に労働して，正直に交換せざるをえない。中流・下流の人々の場合には，富を獲得するという経済行為は，正直・勤勉・節約という徳の形成と一致する。スミスの「富と徳」両立論は，中流・下流の人々から構成される社会を想定した上で展開されていた。

　中流・下流の人々では，他人の生命・財産・権利を侵害しない限り，富を獲得する経済行為は，自ずと徳の形成をもたらす。「正義の法を侵さない限り」とは，「公平な観察者」の共感が得られる限りという意味であり，フェア・プレーの精神に反しない限りという意味であった（*TMS*, 131）。

2．独占精神批判

　『国富論』においてスミスは，植民地貿易の排他的独占による高利潤が「節約の美徳」を破壊するとして，重商主義の独占精神を批判した。スミスは，東インド会社の特権的な貿易商人たちが，その地位を濫用している点を批判した。スミスは，東インド会社の独占的な貿易商人たちの道徳的な腐敗・堕落の問題を，人柄の問題としてではなく，独占的な制度の問題として理解した。スミスはいう。「私は，東インド会社の使用人たち一般の人

格に何らか忌わしい非難をあびせるつもりは毛頭ないし，まして，特定の人物について，その人柄を問題にしようとしているのではない。私がむしろ非難したいのは，その植民地統治の制度なのであり，使用人たちが置かれているその地位であって，そこで行動した人々の人柄ではない。彼らは，自分たちの地位がおのずからに促すままに行動しただけのことであり，声を大にして彼らを非難した人々といえども，いったんその地位に置かれれば，今の使用人よりも好ましく行動はしなかったであろう」（*WN*, Ⅱ, 431-432）と。スミスによれば，重商主義的な規制や特権のある社会では，特権者の利己心は社会に悪をもたらす。規制や特権のない「自然的自由の体制」においては，各人の富獲得という経済活動は，意図せずして徳の形成をもたらす，とスミスは考えていた。

　「自然的自由の体制」とは，規制や特権のない社会であって，中流・下流の人々の構成比率が，可能な限り高い社会である。中流・下流の人々の場合，幸いにも，富を獲得する経済行為は，正直・勤勉・節約という徳の形成と一致する。スミスが志向した「自然的自由の体制」とは，「富と徳」とが両立するような，独占や特権がなく，市場が競争的に維持されるような社会であった。スミスの経済思想の特質は，独占的な制度を批判する視点を示唆している点にある。現代社会において，道徳的な腐敗・堕落のない社会を構築しようとする場合には，重

商主義的な規制や特権を批判するというスミス的な視点が必要である。独占的な制度批判という視点の中に，スミスの経済思想の現代的意義を見出すことができる。

VI　むすび－黄金の夢を捨てよ－

18世紀のイギリスは，「固有の重商主義」の段階にあった。イギリスは七年戦争（1756-63年）において海軍力でフランス艦隊を破り，北アメリカとカナダ，西インド諸島を中心とする植民地帝国を確立していた（今井編，1990，第9章，328）。スミスが『国富論』を出版した1776年に，植民地アメリカはイギリスからの独立を宣言した。イギリスは，アメリカ植民地貿易の独占を維持したままで，「富と徳」の両立を実現することが可能であろうか。

「富と徳」との関係に関するスミスの考え方は，『道徳感情論』（初版1759年，第6版1790年）と『国富論』（初版1776年，第5版1789年）に示されていた。国富とは，貨幣ではなくて，国民の年々の労働の生産物である。道徳とは，社会を作って生きていく人間の，行為の規則である。中流・下流の人々の場合，幸いにも，富を獲得しようとする経済行為は，正直・勤勉・節約という徳の形成と一致する。これが，スミスの「富と徳」両立論であった。

スミスは，重商主義的な規制や特権を厳しく批判した。

重商主義という独占体制を維持する限り,「富と徳」との両立は不可能であるという, スミスの歴史認識による判断があった。スミスは, 重商主義体制を批判して,「自然的自由の体制」を志向した。「自然的自由の体制」とは, 国富の増大過程において, 道徳的な腐敗・堕落が発生しないような社会である。

『国富論』第 4 編第 9 章において, スミスは次のように述べていた。「特恵あるいは制限を行う一切の制度が, こうして完全に撤廃されれば, 簡明な自然的自由の体制がおのずから出来上がってくる。そうなれば, 各人は正義の法を侵さない限りは, 完全に自由に自分がやりたいようにして自分の利益を追求し, 自分の勤労と資本をもって, 他の誰とでも, 他のどの階級とでも, 競争することができる」(*WN*, Ⅱ, 511) と。

18 世紀のスコットランドの思想家たちは, スコットランドの啓蒙＝スコットランドの「道徳的・経済的改良」を共通の主題とし, その実現を妨げる封建遺制と, それと癒着したイギリス「固有の重商主義」の規制や特権を打破し克服することを意図していた。「富と徳」の両立可能な「自然的自由の体制」を構想することが, スミス経済思想の基本問題であった。スミスは『国富論』最終章, 第 5 編第 3 章「政府債務」において, イギリスはアメリカ植民地から手を引いて, 思い切った経費節減を断行すべきであるとして, 次のように述べている。

第 2 章　アダム・スミスの経済思想　39

「植民地貿易独占の効果についていうなら，第 4 編第 7 章＜植民地＞で示したように，国民の大部分にとっては利益になるどころか，損失になるだけである。イギリスの支配者は，この黄金の夢，自分たちも酔い，国民を酔わせてもきた黄金の夢を実現してみせるか，そうでなければ，まずは自分たちが夢から覚め，国民にも覚めるように促すべきである。計画が達成できないのなら，計画そのものを捨てよ」（*WN*, Ⅲ, 439. 山岡訳，下 548）。

イギリスは，アメリカ植民地貿易を独占したままでは，「富と徳」を両立させることはできない。「富と徳」が両立するような，豊かな国を実現させるために，今，イギリスは，アメリカ植民地貿易の独占から手を引く決断をする時である。イギリスが植民地貿易の独占制度を，自ら進んで放棄することを決断すれば，「正義の法を侵さない限り」，自由貿易によって，両国とも，豊かな国づくりができるであろうとスミスは考えた。

現代社会が直面する問題の原因は複合的である。「何が問題か」という問題意識を明確にして，「何が必要か」という政策について考える必要がある。その際，独占制度の問題点を検討する作業が不可欠である。スミスの経済思想の現代的意義は，独占精神批判という視点の中に見出すことができる。

最後に，スミスの経済思想の限界について，若干のコメントをしておきたい。イギリス経済思想史には，①ス

ミス→リカードウ → J. S. ミル → マーシャルという，実物的経済学の系譜と，②ステュアート → ケインズという，貨幣的経済学の系譜がある。実物的経済学の特徴は，一方における価値および分配の理論と，他方における貨幣の理論という2分法である。スミスは，節約によって資本は増加するという「節約の美徳」論を提示したが，この点は後にケインズによって，貯蓄は必ずしも美徳とは限らない，と批判されることになる。ケインズが『一般理論』で想定した経済は，貨幣が動機や決意に影響を与える点を重視する経済，すなわち貨幣経済であった。

　最初の貨幣的経済学は，ステュアートの『経済の原理』（1767年）によって提示されていた（大森，1996，10）。スミスは『国富論』において「貨幣なき経済学」を構想した。それは理論的にも思想的にも，ステュアートとの対決を深く意識したものであった。「貨幣なき経済学」としての『国富論』が想定した経済は，貨幣が決意や動機の一部を成すことを認めない経済，すなわち実物交換経済であった。

[参考文献]

Smith, A. 1759. *The Theory of Moral Sentiments*, Oxford, 1976. 水田洋訳『道徳感情論』筑摩書房，1973 年。*TMS* と略記。

Smith, A. 1776. *An Inquiry into the Nature and Causes of the Wealth of Nations*, Oxford, 1976. 大河内一男監訳『国富論』Ⅰ～Ⅲ，中央公論社，1976 年。*WN* と略記。

スミス，A. 2007.『国富論』上・下，山岡洋一訳，日本経済新聞出版社。

ステュアート，J. 1998. 1993.『経済の原理』(全 2 冊)，小林昇監訳・竹本洋他訳，名古屋大学出版会。

ヒューム，D. 2011.『道徳・政治・文学論集 (完訳版)』田中敏弘訳，名古屋大学出版会。

今井　宏編. 1990.『イギリス史 第 2 巻 (近世)』世界歴史大系，山川出版社。

大森郁夫. 1996.『ステュアートとスミス』ミネルヴァ書房。

小林　昇. 1994.『最初の経済学体系』名古屋大学出版会。

小林　昇. 1977.『増補 国富論体系の成立』未来社。

鈴木信雄編. 2005.『経済学の古典的世界 1』日本経済評論社。

田中正司. 2009.『増補版 アダム・スミスと現代』御茶の水書房。

新村　聡. 1994.『経済学の成立』御茶の水書房。

水田　洋. 1997.『アダム・スミス』講談社学術文庫。

水田　洋. 2009.『アダム・スミス論集』ミネルヴァ書房。

山崎　怜. 2005.『アダム・スミス』(イギリス思想叢書 6)研究社。

第3章

マルサスの経済思想

I はじめに

本章はトマス・ロバート・マルサス（T. R. Malthus, 1766-1834）において，貧困問題と人口増加との関係は，どのように理解されていたのかを取り扱う。貧困と人口との関係を中心にして，彼の経済思想の特質とその現代的意義について考察する。穀物の高価格を擁護したマルサスの論理を，人口論との関連において論じる。リカードゥとの穀物法論争において，マルサスは穀物法を擁護し，低廉な外国穀物の輸入を阻止して，穀物の高価格政策を支持した。穀物の高価格は下層階級の経済的厚生を高めるというマルサスの論理を，彼の方法論的特質に注目して，人口論との関連において検討する。

II フランス革命とマルサス

マルサスの『人口論』（1798年）は，1789年のフラン

ス革命を批判するという意図を持って出版された。マルサスの生きたイギリスは，1688年の名誉革命によって議会制民主主義を確立していた。フランス革命が発生した当初，首相ピットをはじめとして多くのイギリス知識人はフランス絶対王政の終焉を歓迎した。しかし，やがて国王の処刑，ジャコバン派の独裁という革命の急進化に直面したイギリスは，1793年になると，プロイセン，スペイン，ポルトガル，スウェーデン，ドイツ諸国とともに，対仏大同盟を組織して，国際的な反革命戦争に乗り出した。

E. バーク（1729-97）は，1790年に『フランス革命の省察』を出版し，保守主義の立場からフランス革命を批判した。これに対して，トマス・ペイン（1737-1809）は，バーク批判を意図した『人間の権利』（1791-92年）によって，フランス革命を支持した。ペインは『コモン・センス』（1776年）を出版して，アメリカ独立戦争を支持した人物である。バークの著作はイギリス地主支配階級によって歓迎され，ペインの著作はイギリス労働者階級によって支持された。

III 貧困の原因は何か

ウィリアム・ゴドウィン（1756-1836）は，1793年に『政治的正義に関する研究』を出版し，下層階級の貧困

と悪徳の原因は私有財産制度と専制政治にあると主張した。ゴドウィンは，人間精神には進歩する可能性があり，人間とは本来理性的であるとした。しかし現実には，私有財産制度と専制政治とが存在し，それらが人間本来の理性的行為を妨げている。したがって，それらを撤廃すれば本来の理性的人間が実現できるはずである。理性の力は結婚の欲望さえ打ち消すことができるであろう。財産の不平等こそは貧困と悪徳の主たる原因である，というのがゴドウィンの考え方であった。

　マルサスが『人口の原理についての一論── それが社会の将来の改善に影響を与えることを論じ，ゴドウィン氏，コンドルセ氏，その他の著者たちの諸説に対する所見を付す』を匿名で出版したのは，1798年であった。『人口論』が直接の批判対象としたのは，当時のイギリスにおいて影響力のあったゴドウィンの平等思想であった。階級区分を撤廃すれば下層階級の貧困と悪徳の問題は解決されるのであろうか。マルサスによれば，人口増大の圧力による下層階級の貧困問題は，いかなる人間の制度の下でも不可避的に生じる普遍的なものである。マルサスの人口論は，階級区分さえ撤廃されれば下層階級の貧困問題は解決されるという，ゴドウィンの理想社会論を批判するものとして展開された（永井，1992, 48-49）。

　ゴドウィンは，階級区分がなくなれば下層階級の貧困問題は解決すると考えた。こうしたゴドウィンの平等思

想を批判するために，マルサスは『人口論』において，「2つの公準」を提示した（マルサス，1798，訳22ページ。以下，訳のページ数を記す）。

第1公準，食料は人間の生存に必要であること。
第2公準，両性間の情念は現在の状態のままあり続けること。

マルサスは，「2つの公準」から，次の3命題からなる人口原理を演繹した（マルサス，1798，36）。

第1命題，人口は生存手段なしに増加できない。
第2命題，生存手段があるところでは，人口は必ず増加する。
第3命題，人口の優勢な力は，不幸あるいは悪徳を生み出さないでは抑制されない。

マルサスによれば，貧困問題とは，人口原理という自然法則に関わる問題であって，人間の制度に関わる問題ではない。彼はいう。「人口は，制限されなければ，等比数列的に増大する。生活資料は，等差数列的にしか増大しない」（マルサス，1798，23）と。食料の増加を上回る速度で人口が増加するために，貧困が生じるとされたのである。

マルサスは，下層階級の貧困問題を制度の改善によって解決しようとする考え方に反対した。マルサスは，平

等化のための制度としてのイングランドの救貧法を批判した（マルサス，1798，61-62）。第1に，救貧法は食料を増加させることなしに下層階級の人口を増加させる。第2に，救貧法は受給貧民の食料消費を増加させる一方で，非受給労働者の生活状態を悪化させ，貧民を増加させる（渡会，2002，101）。

　救貧法のような下層貧民に対する寛大な福祉政策の客観的帰結は，その主観的意図と相反する結果をもたらすであろう。これがマルサスの考え方であった。マルサスは，下層階級の貧困問題の発生を，経済社会における競争原理の結果であるとして，競争的な経済社会像を提示した。マルサスの人口論は，生存競争を容認するものであった。マルサスの生存競争の理論は，チャールズ・ダーウィンの『種の起源』（1859年）における自然選択の理論形成に影響を与えた（橋本，1990，154）。

　「自然は飛躍しない」は，ダーウィンの愛好句であった。マーシャルは，ダーウィンの自然選択の理論から影響を受けて，経済進歩論を形成することになる。マルサスの生存競争の思想は，ダーウィンを経由して，マーシャルの経済進歩論に影響を与えることになる。マルサスは，下層階級の貧困問題の主たる原因は，自然法則としての人口圧力であるとして，人口重視の思想を提示した。

Ⅳ　複合原因論

　マルサスとリカードウは，1813 年 8 月段階において，外国貿易の拡大は一般的利潤率を上昇させるかという論点をめぐって，「貿易 → 利潤率論争」を展開した。当時のマルサスとリカードウの主たる関心は通貨問題であったが，リカードウは，1813 年 8 月 10 日のマルサスへの手紙において，外国貿易の拡大が一般的利潤率の上昇をもたらすとは限らない，という主張を提示した。リカードウは，1813 年 8 月 17 日のマルサスへの手紙において，利潤率に関する「私の理論」を登場させた。その内容は，1814 年 3 月 8 日のリカードウから友人トラワへの手紙の中に示されている。マルサスは，利潤率低下の阻止要因として 3 要因を並列的に考慮していた。3 要因とは，①低廉な外国穀物の輸入，②農業技術の改良，③外国貿易の拡大であった。

　マルサスの方法論的特質は，利潤率低下を阻止する諸要因を複数指摘し，複数の要因を並列的に考慮する点にあった。リカードウは単一原因論をとったが，マルサスは複合原因論を支持した（佐々木，2001，70）。マルサスにおいて，利潤率低下を阻止するために，低廉な外国穀物の輸入自由化は必ずしも必要ではなかった。

　リカードウは，利潤率低下を永続的に阻止する主たる

原因を，①低廉な外国穀物の輸入に求めた。リカードウ
において，②農業技術の改良や，③外国貿易の拡大は，
一時的に利潤率を上昇させるだけである。持続的な利潤
率上昇のためには，低廉な外国穀物の輸入が不可欠であ
るとされた。「主たる原因は何かを問う」因果論的分析
方法は，リカードウの方法の特質であった。

　マルサスは，リカードウとの論争において，リカード
ウの「主たる原因は何かを問う」方法を批判した。マル
サスの「複合原因論」の方法は，穀物の自由貿易という
リカードウの主張を批判する際の論理的基礎を形成して
いた。ここで注目すべきは，マルサスの人口論において
は，「主たる原因は何かを問う」方法が採用されていた
という点である。アイルランド問題はその典型的な例で
ある。マルサスは，1798年に演繹的な『人口論』初版
を出版した後，大陸旅行を行い，諸国の「経験的資料」
を収集して，1803年に帰納的な『人口論』第2版を出
版した，と説明されることがある。しかし，『人口論』
第2版には，帰納的検証に基づいたものとは思えない演
繹的な推論が展開されている。「『人口論』第2〜4版
では，アイルランド人が安価なジャガイモを主食とした
ことこそがアイルランドの急激な人口増とその貧困の原
因であると随所で断片的に断言されたこと」(佐藤，2005，
249-251) が指摘されている。マルサスは，アイルラン
ド人の貧困の原因は何かと問い，その主たる原因は，ア

イルランド人が低廉なジャガイモを主食としていること
であるとした。主食としてのジャガイモが低廉なことが,
アイルランドの急激な人口増加をもたらし,人口増加が
貧困の原因であるとしたのである。マルサスは,アイル
ランドについて,事実による経験的資料を収集すること
はなかった。マルサスは,『人口論』初版における演繹
的な人口論を,第2版以降も,1826年の第6版まで,
一貫して保持していた（マルサス,1826）。

　マルサスの『人口論』における貧困と人口の基本図式
とは,次のようなものである。それは,穀物が低廉なら
ば,下層階級は怠惰に陥り,人口が増加し,貧困になる,
という因果論的分析方法である。この初版の基本図式は,
第6版まで一貫していた。マルサスにおいて,外国穀物
の輸入自由化は低廉な穀物価格をもたらすが,低廉な穀
物価格は下層階級の経済的厚生を低下させる要因である。
マルサスは穀物法擁護論を展開する場合も,この基本図
式を推論の基礎としていた。

　リカードウの基本図式は,低廉な外国穀物の輸入自由
化 → 賃金低下 → 利潤率低下の阻止,というものであっ
た。これに対して,マルサスの基本図式は,外国穀物の
輸入自由化 → 低廉な穀物価格 → 下層階級の怠惰の増大
→ 人口増加 → 貧困の増大,というものであった。

　イングランド人は高価な小麦を主食とするのに対して,
アイルランド人は低廉なジャガイモを主食とする。それ

がアイルランドの人口増加の原因であり，人口増加が貧困の主たる原因である，とマルサスは想定した。食料と人口の関係によって貧困問題を把握しようとする『人口論』初版の人口論を，マルサスは第6版まで，一貫して保持した。マルサスは，「主たる原因は何かを問う」方法の持ち主でもあった。

V　むすび

　本章では，貧困問題と人口増加との関連を中心にして，マルサスの経済思想の特質について明らかにした。マルサスは『人口論』において，下層階級の貧困問題は自然法則としての人口圧力によって不可避的に発生するという，人口重視の思想を提示した。彼の経済思想の現代的意義について若干の考察をして，むすびとする。

　マルサスは，下層階級の貧困問題は制度の改善によって改善できるとする，ゴドウィンの平等思想を批判した。マルサスは，貧困問題は自然法則としての人口圧力によって発生するという，人口重視の思想を提示した。マルサスにおいて，人口増大の圧力による下層階級の貧困問題は，いかなる人間の制度の下でも不可避的に生じる普遍的なものと理解された。マルサスにおける貧困と人口との基本図式は，低廉な穀物価格 → 下層階級の怠惰の増大 → 人口増加 → 貧困の増大である。この基本図式は

第3章　マルサスの経済思想　51

『人口論』初版から第6版まで一貫していた。マルサスにおいて，外国穀物の輸入自由化は低廉な穀物価格をもたらすが，低廉な穀物価格は下層階級の経済的厚生を低下させる要因である。マルサスは穀物法擁護論を展開する場合も，この基本図式を基礎とした。

　マルサスは，貧困問題に関する当時の支配的な理論を批判し，それに代替する新しい理論を提示した。マルサスは，貧困問題の主たる原因は人口増加であるという見解を提示したが，貧困問題解決のために産児制限による人口制限の必要性を主張することはなかった。J. S. ミルは，産児制限による人口制限によって貧困問題は解決可能であるという見解を提示することになる。ミルは，マルサスの人口論に対して創造的な批判を行うことになる。

　下層階級の貧困問題は，現代社会において，解決すべき課題の1つである。貧困問題を解決するためには，歴史的背景を理解し，理論的に分析し，未来の政策をイメージする力が必要である。経済思想史を学ぶことにより，考え方の違いを理解する力が養われるはずである。貧困と人口の関係について，マルサス，ミル，そしてマーシャルの見解を比較検討することは，貧困問題解決のために必要な知的作業である。マルサスの経済思想の現代的意義は，まさにこの点の中に見出すことができる。

［参考文献］

マルサス，T. R. 1798.『人口論』永井義雄訳，中公文庫，1973 年。

マルサス，T. R. 1826.『マルサス人口の原理 ［第 6 版］』南　亮三郎
　　監訳，中央大学出版部，1985 年。

マルサス，T. R. 1820.『経済学原理』上・下，小林時三郎訳，岩波
　　文庫，1968 年。

佐藤有史. 2005.「トマス・ロバート・マルサス」鈴木信雄編『経済
　　思想 4 経済学の古典的世界 1』日本経済評論社。

佐々木憲介. 2001.『経済学方法論の形成』北海道大学図書刊行会。

永井義雄他編. 1992.『経済学史概説』ミネルヴァ書房。

永井義雄・柳田芳伸・中澤信彦編. 2003.『マルサス理論の歴史的形
　　成』昭和堂。

中野　力. 2016.『人口論とユートピア』昭和堂。

橋本昭一. 1990.『マーシャル経済学』ミネルヴァ書房。

渡会勝義. 2002.「市場社会における貧困と過剰」高　哲男編『自由
　　と秩序の経済思想史』名古屋大学出版会。

第4章
リカードウの経済思想

I　はじめに

　本章はデイヴィッド・リカードウ（David Ricardo, 1772-1823）の経済思想の特質と現代的意義およびその限界を取り扱う。彼は『経済学および課税の原理』（初版1817年，第3版1821年，以下『原理』と略称）において，マルサスの地代論を批判した。リカードウはマルサスの地代論を，いかなる理論と方法を用いて批判したのであろうか。本章の論点は次の2つである。第1に，リカードウがマルサスの地代論を批判する際の理論的基礎は何であったのか。第2に，リカードウはマルサス地代論批判において，どのような方法を用いたのか。本章は次のように構成される。IIでは『原理』の基本構成を考察して，穀物価値論の重要性を論じる。IIIではリカードウの生産費説を明らかにする。IVではリカードウのマルサス地代論批判について検討する。

II 『原理』の基本構成

1. 価値論

リカードウは『原理』第1章「価値について」におい
て,「社会の初期段階」を前提とした上で, 次のような
「リカードウ価値論の基本命題」を提示した。「商品の交
換価値は, ほとんどもっぱらそれぞれの商品に支出され
た相対的労働量に依存して決定される」(*Works*, I, 12
ページ. 上19ページ。『リカードウ全集』の邦訳には原典の
ページ数も記されている。以下, 原典の巻・ページ数を, I,
12と示す。羽鳥・吉澤訳, 上下の巻・ページ数を併記する)。
すなわち,「生産された商品の交換価値は, その生産に
投下される労働に比例するのであり, つまり, その商品
の直接の生産に投下される労働だけではなく, 労働を実
行するのに必要なすべての器具や機械――これらの器具
や機械はその特定の労働にあてがわれるのだが――に投
下される労働にも比例するだろう」(I, 24. 上34)と。

リカードウは,『原理』において, こうした「リカー
ドウ価値論の基本命題」を提示する場合,「社会の初期
段階」を仮定した。彼が仮定した「社会の初期段階」と
は, いわゆる未開社会ではなくて, 次の3条件からなる
理論モデルであった。「リカードウ価値論の基本命題」
の前提条件としての「社会の初期段階」とは, ①各産業

において，固定資本（機械）と流動資本（労働）との割合が等しい，②各産業において，固定資本の耐久力が等しい，③各産業において，流動資本の回収時間が等しい，というものであった。この3つの条件を備えた「社会の初期段階」は，リカードウの方法論的特質としての「顕著な場合」であった。

リカードウはいう。「漁労業者の丸木舟および漁具が100ポンドの価値をもち，耐久期間10年と見積もられるが，彼は10人を雇用して，その年々の労働に100ポンドを費やし，彼らの労働によって，1日に20尾の鮭を取得するものと仮定しよう。また，狩猟業者が使用する武器も100ポンドの価値を持ち，耐久期間10年と見積もられるが，彼も10人を雇用して，その年々の労働に100ポンドを費やし，彼らによって1日に10頭の鹿を取得するものと仮定しよう」（I，26-27．上69）と。この場合，自然的交換比率は1頭の鹿対2尾の鮭となる。

リカードウによれば，必要とされる相対的労働量に変化がない限り，労働の賃金のいかなる変動も，これらの商品の相対価値には少しも変動を引き起こさないとされる（I，28．上71）。リカードウ価値論の主題は，絶対価値論ではなく，相対価値論であった。

次に，「リカードウの分配に関する基本命題」として，賃金上昇 → 利潤低下という「賃金・利潤の相反関係」を指摘することができる。リカードウは，「賃金・利潤

の相反関係」を理論的基礎として，賃金・利潤・地代を価格の構成要素とするアダム・スミスの構成価格論を批判し，その系論としての賃金・価格連動論を批判した。

リカードウにおいては，賃金が上昇しても，賃金は両方の職業において同時に高いか低いかである（Ⅰ，27. 上 70）。彼は，貨幣量の追加なしには，全商品が同時に騰貴するはずはない（Ⅰ，105. 上 149）とした。彼は，貨幣数量説を想定していた。「リカードウ価値論の基本命題」によれば，相対的労働量に変化がない限り，賃金が上昇したとしても商品の価格に変化はなく，賃金上昇は利潤を低下させるだけである。また仮に，全商品の価格が上昇する場合でも，利潤低下という効果は同じである（Ⅰ，127. 上 180）。

2．地代論

リカードウは『原理』第 2 章「地代について」において，地代とは，資本蓄積と人口増加につれて劣等地耕作が進展する場合に，優等地に成立し増大する差額であるという，差額地代論を提示した。「地代はつねに 2 つの等量の資本と労働の投下によって獲得される生産物の差額である」（Ⅰ，71. 上 108）。リカードウはいう。

「第 1，第 2，第 3 等地が，同量の資本と労働の投下によって，穀物 100，90，80 クォータの純生産物を産出すると仮定しよう。人口に比較して肥沃地が豊富に存在

第4章　リカードゥの経済思想　57

し，したがって第1等地の耕作のみが必要であるにすぎ
ない新国においては，純生産物は全部耕作者に帰属し，
彼が前払いする資本の利潤となるであろう。労働者の維
持分以外には90クォータしか得られない第2等地の耕
作を必至にするほど，人口が増加するや否や，地代は第
1等地に始まるであろう。というのは，農業資本に対し
て2つの利潤率が存在しなくてはならぬか，あるいは第
1等地の生産物から10クォータ，または10クォータの
価値が，ある他の目的のために，引き去らねばならぬか，
どちらかであるからだ。第1等地を耕作したのが土地所
有者であろうと，他の誰であろうと，どちらにしても，
この10クォータは等しく地代を構成するであろう。な
ぜなら，第2等地の耕作者は，地代として10クォータ
を支払って第1等地を耕作しようと，なんらの地代も支
払わずに引き続き第2等地を耕作しようと，どちらにし
ても，その資本を用いて同じ結果を得るであろうからだ。
同様に説明しうることだが，第3等地が耕作に引き入れ
られると，第2等地の地代は10クォータ，または10ク
ォータの価値であるはずだが，一方，第1等地の地代は
20クォータに上昇するであろう」（Ⅰ，70-71．上107）。

　ここでの暗黙の制約条件は次の2つである。①同一量
（100単位とする）の固定資本と労働を投下する時，収穫
逓減の法則が作用する，②農業資本の競争原理により平
均利潤が成立する。固定資本は過去の労働であるので，

100 単位の固定資本と労働の投下を，100 単位の投下労働と表現することにする。

第 2 等地が耕作される場合。第 1 等地の純生産物は 100 で地代は 10，第 2 等地の純生産物は 90 で地代は 0 である。純生産物＝地代＋利潤，総生産物＝純生産物＋賃金である。第 2 等地での 1 クォータ当たりの投下労働，すなわち穀物価値は，100÷90＝1.11 単位である。第 1 等地では，100×1.11＝111 単位の価値の生産が行われ，11 単位の超過利潤が発生する。超過利潤は地代に転化する。

第 3 等地が耕作される場合。第 1 等地の純生産物は 100 で地代は 20，第 2 等地の純生産物は 90 で地代は 10，第 3 等地の純生産物は 80 で地代は 0 である。穀物価値は，第 3 等地での 1 クォータ当たりの投下労働で，100÷80＝1.25 単位に上昇する。「劣等な土地が耕作されるようになると，原生産物の交換価値は，その生産に，より多くの労働が必要になるから，騰貴する」（Ⅰ，72. 上 109）。

リカードウは，資本蓄積と人口増加につれて，穀物価値が上昇することを明らかにした。『原理』において，リカードウは経済学体系における理論的な保護帯としての穀物価値論の確立に成功した，ということができる。

リカードウはいう。「原生産物の相対価値が騰貴する理由は，最後に収穫される部分の生産に，より多くの労

働が投下されるからであって，地主に地代が支払われるからではない」（I，74．上112）と。リカードウは，商品価格は賃金・利潤・地代を加算して得られるというスミスの構成価格論を批判した。また，構成価格論からの系論としての，地代・価格連動論をした。地代・価格連動論とは，地代が上昇すれば穀物などの商品価格も連動して上昇するというものであり，マルサスはこの考え方を継承していた。

　リカードウによれば，「地代が支払われるから穀物が高価なのではなく，穀物が高価だから地代が支払われるのである」（I，74．上112）。したがって，リカードウにおいては，「地代は商品価格の構成要素ではない」（I，78．上116）ことになる。地代は蓄積の基本ファンドではないという，穀物法論争以来のリカードウの基本的立場は，穀物価値論という新しい保護帯によって理論武装されることになった。

　リカードウは，『原理』において穀物価値論を理論的基礎として，劣等地耕作の進展 → 穀物価値の上昇 → 地代の上昇，という因果関係を理論的に提示した。

3．賃金論

　リカードウは『原理』第5章「賃金について」において，賃金には「労働の市場価格」と「労働の自然価格」との2つがあるとした。「労働の市場価格」は，労働市

場における需要と供給によって決まる。これに対して，「労働の自然価格」は，穀物価値に大きく依存する。すなわち，食物および必需品の価格騰貴によって，「労働の自然価格は騰貴するだろう」（Ⅰ，93．上135）とされた。

「労働の市場価格」が「労働の自然価格」より大きい場合に，労働者は幸福であるとリカードウは考えた。労働者の境遇が順調で幸福であり，彼がより大きな割合の生活の必需品と享楽品を支配する力を持ち，したがってまた健康で多数の家族を養う力を持つのは，「労働の市場価格が自然価格を超える場合」（Ⅰ，94．上136）である。

リカードウによれば，資本増加率が人口増加率を上回るような場合に，労働者階級の幸福は増大する。彼は楽観的な経済社会像を提示したということができる。

4．利潤率低下論

リカードウは『原理』において，次のような利潤率低下論の基本図式を提示した。資本蓄積 → 人口増加 → 穀物需要の増加 → 劣等地耕作の進展 → 穀物価値の上昇 → 地代の上昇・賃金の上昇 → 利潤率低下。

ここでの暗黙の制約条件は次の3つである。①外国貿易の捨象（穀物の自由貿易がない），②収穫逓減の法則（労働生産力の向上がない），③食料増加 → 人口増加という，マルサスの人口法則による人口増加があること。

上の３つの制約条件を解除した場合，人間の主体的な「選択の問題」は次の３つのケースとなる。①穀物法撤廃による穀物輸入の自由化 → 過剰な劣等地耕作からの農業資本の引き揚げ → 穀物価値の低下 →「労働の自然価格」の低下。②労働生産力の向上をもたらすような機械の改良 → 穀物価値の低下 →「労働の自然価格」の低下。③教育の普及により，人口増加率が資本増加率を上回らないようにする →「労働の市場価格」の上昇。

リカードウは，①穀物の自由貿易，②労働生産力の向上，③教育の普及による過剰人口の防止という，社会改革の思想の持ち主であった。

5．リカードウの方法

マルサスとリカードウは，1813 年の往復書簡において，「外国貿易の増大は利潤率を増大させるか」という論争を行った。その際マルサスは，利潤率低下の阻止要因として，①低廉な外国穀物の輸入，②機械の改良，③外国貿易の増大，という３要因を並列的に考慮した。マルサスの見解では，低廉な外国穀物の輸入が利潤率低下を阻止することは認めるとしても，利潤率を増大させる方法は他にもある。機械の改良や，「新市場の発見」による外国貿易の増大はその１つである。

これに対して，リカードウの見解では，利潤率低下の主たる阻止要因は，低廉な外国穀物の輸入である。低廉

な外国穀物の輸入自由化がない限り，機械の改良や外国
貿易の増大があっても，農業部門から資本が引き揚げら
れることはない。過度に耕作されていた最劣等地から農
業資本が引き揚げられることにより，農業利潤率は上昇
するのである。

マルサスの方法論的特質は，利潤率低下を阻止する諸
要因を複数指摘し，複数の要因を並列的に考慮する点に
ある。マルサスの「複合原因論」の方法は，マルサス地
代論の中にも見出すことができる。リカードウの方法論
的特質は，「顕著な場合」を想定して「主たる原因は何
か」を問うという点にあった。以下での論点は，リカー
ドウがマルサス地代論を批判する際に，「主たる原因は
何か」を問う方法をどのように活用したのか，という点
である。

Ⅲ　生産費説

リカードウは『原理』第30章「需要供給が価格に及
ぼす影響について」において，商品価格を究極的に規定
するものは生産費であるとした。リカードウは，自らの
生産費説について次のように述べている。

「商品価格を究極的に規定しなければならぬものは，
その生産費であって，これまでしばしば言われてきたよ
うに，需要供給間の比率ではない。なるほど，需要供給

間の比率は，供給量の増減が需要の増減に応ずるまでは，一時の間，商品の市場価値に影響を及ぼすかもしれない。しかし，この効果の持続期間は一時的にすぎないだろう。帽子の生産費を減らせば，たとえ需要が2倍，3倍もしくは4倍になっても，その価格は結局はその新たな自然価格まで下落するだろう。労働者の生活を支える食料および衣類の自然価格を引き下げることによって，労働者の生活維持費を引き下げれば，労働者に対する需要が著しく増大することがあっても，それにもかかわらず，賃金は結局は下落するだろう」（I，382．下233）と。

　その上で，リカードウは，商品価格はもっぱら需要に対する供給の割合，または供給に対する需要の割合のみに依存するという見解は，経済学という学問における「多くの誤謬の源泉であった」と指摘しているのである。この点に関して，リカードウは次のようにいう。確かに，独占商品の場合には，その価格は，「売り手がその分量を増加させるのに比例して下落し，それらの物を購買しようとする買手の熱意に比例して騰貴する」であろう。しかし，「競争下におかれていて，その分量をいかなる程度でも増加させうる商品の価格は，究極的には，需要供給の状態にではなく，その生産費の増減に依存するだろう」（I，385．下237）と。

　ナポレオン戦時期（1793年2月～1815年6月），イギリスでは高い穀物価格が維持され，劣等地耕作が進展した。

穀物輸入の制限によって，いわば独占的な状態にあった。独占的な市場においては，穀物価格は穀物に対する需要の増加によって上昇する。1815年穀物法とは，穀物市場をナポレオン戦争の終結後においても，独占的な状態のままに維持して，高い穀物価格を確保しようとするものであった。独占精神批判という点で，リカードウはスミスの経済思想を継承した。スミスは重商主義の独占精神を批判したのに対し，リカードウは地主支配体制の農業保護主義的な独占精神を批判した。リカードウは，独占商品を除く競争的な場合には，商品の価格を規定するものは需要供給ではなくて生産費である，という生産費説を提示していた。

Ⅳ　マルサス地代論への批判

マルサスは，1815年2月刊行の『地代の本質および増進についての研究』（以下『地代論』と略称）において，地代とは何かを問い，地代上昇の4原因論を提示した。これに対するリカードウの批判は，1817年に『原理』初版の第29章「マルサスの地代論」において展開された。マルサスは，1820年に『経済学原理』を公刊したが，その第3章「土地の地代について」においても，『地代論』とほとんど同じ主題を追求した。

マルサスは，1820年4月に『経済学原理』を出版し

た。リカードウはただちに評注の作成を開始し，11月のジェイムズ・ミル宛書簡の中で，『マルサス評注』をひとまず脱稿したと伝えている（Ⅷ，296）。ところがJ.ミルは，リカードウの『原理』にはマルサスとの論争的な性格を与えない方がよいと忠告した。リカードウはJ.ミルの忠告を受け入れて，『マルサス評注』の出版は，当分の間放っておかれることになった。こうした事情により，『マルサス評注』はほぼ1世紀の間，出版されることはなかった。この手稿が日の目を見たのは，1919年のことである。リカードウの曾孫のフランクにより発見され，ホランダー・グレゴリー版『マルサス経済学評注』として出版されたのが1928年のことである。その後，スラッファにより『リカードウ全集』第2巻として出版された。マルサス『経済学原理』の全文を上段に，リカードウの評注を下段にした，スラッファ版『マルサス評注』である。

　リカードウは，1820年8月，彼自身の『原理』第3版のための改訂作業に従事した。リカードウの『原理』第3版は1821年に出版された。リカードウはその第32章「マルサスの地代論」において，『地代論』を主たる批判対象として，マルサスの地代論への批判を展開した。Ⅳでは，リカードウ『原理』第3版における「マルサスの地代論」を検討する。結論を先取りして言えば，マルサスは地代を「自然の賜物」として把握したが，リカー

ドウは，穀物価値論を理論的基礎として，「自然の賜物」としての地代把握を批判した。

　リカードウは，「マルサスの地代論」において，マルサスが「地代の問題に関する多くの難しい点に，多大な光明を投じた」点を評価した上で，「地代は純利得であって，富の新たな創造である」（Ｉ，398．下238）というマルサスの考えを批判した。リカードウの見解では，「地代は，価値という言葉を私が理解する意味での，価値の創造ではあるが，富の創造ではない」（Ｉ，399．下240）。

　リカードウの『原理』第20章「価値と富，両者を区別する特性」によれば，富とは必需品，便宜品，娯楽品の分量である。価値は本質的に富とは異なるのである。「価値は豊富の度合に依存するのではなく，生産の難易に依存する」とされる。「あらゆる物の価値は，その生産の難易に比例して，言いかえれば，その生産に使用される労働量に比例して，騰落する」（Ｉ，273．下87）。

　リカードウによれば，地代は「部分的独占の結果であり，真に価格を規定するものではなく，むしろ価格の結果である」。したがって，「仮に地主が地代全額を放棄するとしても，土地で生産される価格は，少しも安価にはならないだろう」（Ｉ，284．下101）。シスモンディおよびビュキャナンが，地代を純粋に名目的な価値とみなしたこと，地代は国富の増加にはならず，ただ地主にとっ

てのみ有利であるとみなしたこと，それに応じて消費者には有害な「価値の移転にすぎない」（Ⅰ，400．下241）とみなしたことは，正しかったとされる。

マルサスは『地代論』（1815年）において，「地代の直接の原因は，明らかに，市場における原生産物の販売価格の，その生産費を上回る超過額である」と指摘している。マルサスにおいて，地代とは，穀物の販売価格がその生産費を上回る超過額であり，「その生産費」という用語には，賃金だけではなく，利潤も含まれている（Ⅰ，401．下241）。

マルサスの地代論の基本性格は，次のように示すことができる。

地　　代＝穀物の販売価格－生産費
生産費＝賃金＋利潤

マルサスによれば，地代上昇の4原因とは，①資本蓄積による利潤低下，②人口増加による賃金低下，③農業上の改良による生産費低下，④需要増加による穀物価格の上昇である。この4つの原因のいずれかによって地代は上昇するとされている（*Works*, Ⅱ，133-134）。また，地代上昇の4原因は，富の増進の指標でもあるとされる。富の増進につれて地代が上昇するのは自然的であると把握されている。マルサスの見解においては，地代は「自然の賜物」であり，「自然の賜物」としての地代は，新

しい富の創造であると理解されていた。

以下，マルサスにおける地代上昇の4原因論に対する
リカードウの批判について，『原理』最終章「マルサス
の地代論」を中心に考察する。

1．地代上昇の第1原因

マルサスにおける地代上昇の第1原因は，「土地で使
用される人々の生活維持に要するよりも多量の生活必需
品を産出させることができる土地の性質」（Ⅰ，401．下
242）である。穀物高価格の第1の原因としての土地の
性質は，マルサスにおいては「人間に対する自然の賜物」
（Ⅱ，107）と把握されていた。

マルサス『地代論』では，地代上昇の第1・第2・第
3原因については，「極めて自明である」としてほとん
ど説明がなされなかったが，『経済学原理』では，第1
原因から第4原因まで，順次説明されている。

マルサスは『経済学原理』（1820年）の第3章第3節
においても，生産物の価格に比べて生産費を低下させる
4つの原因の第1として，資本蓄積による利潤低下をあ
げている（Ⅱ，133．マルサス，1820，訳，上，230ペー
ジ）。穀物が生産費を超える高価格を実現するのはなぜか。資
本蓄積すなわち資本供給の増大は利潤を低下させる。利
潤低下は生産費の低下となる。その時，穀物の高価格が
低下する理由はないので，地代は上昇する。

第4章　リカードゥの経済思想　69

　マルサスの見解によれば，「地代は土地の肥沃度の増進とともに上昇し，肥沃度の減退と共に低下する」（Ⅰ，402．下243）。しかし，「事実は反対」である。リカードゥによれば，「増加する人口を養うために劣等地が必要とされる時になってはじめて，全生産物のうち地主が収得する分前および価値がともに累進的に増加する」（Ⅰ，402．下244）のである。

　リカードゥの見解では，人口増加 → 劣等地耕作の進展 → 穀物価値の上昇 → 地代上昇・賃金上昇 → 利潤低下である。「資本を劣等地に赴かせる原因は，優等地における地代を引き上げるにちがいない」（Ⅰ，403．下244）。

　穀物価格はその最終部分の生産の困難によって上昇する。ある特定の農場の総生産物の価値は，たとえその分量が減少するとしても，増加するだろう。しかし，穀物生産の難易度がどうであれ，「賃金と利潤との合計額は引き続き常に同一の価値であるから」（Ⅰ，403．下244），より肥沃な土地において生産費が増加することはない。したがって，生産費を上回る価格の超過額，すなわち地代は，土地の肥沃度の減退によって上昇するにちがいない。

　リカードゥは，食料増加 → 人口増加というマルサスの人口法則を批判する。「マルサスが人口はそれに先立つ食料の支給をまってはじめて増加する，という考え

――食料はそれ自身の需要を創造する――すなわち，結婚に対する奨励は，まずはじめに食料を供給することによって与えられる，という考えにあまりにも傾きすぎて，人口の増加は一般に資本の増加，その結果である労働需要および賃金の上昇から影響を受けるのであって，食料の生産はその需要の結果であるにすぎない，ということを考慮していないように思える」（Ⅰ，406.下248）と。ここでのリカードゥの考えを図式化して示せば，資本蓄積の進行 → 労働需要の増加 → 賃金の上昇 → 人口の増加である。

リカードゥによれば，「人口の増加および食料の増加は，概して，高賃金の結果ではあるが，その必然的結果ではない」（Ⅰ，406.下248）。というのは，労働者は，賃金上昇分の一部を用いて，椅子，テーブル，金物，上等な衣服，砂糖，煙草といった，享楽に役立つ商品を購入するかもしれないからである。このように，労働者が便宜品や娯楽品を購入する場合には，賃金上昇は，さほどの人口増加をもたらさないであろう。

リカードゥは，「穀物は，その安価と豊富とによっては，人口増加の刺激には決してなりえない」（Ⅰ，409.下252）として，アメリカの急速な人口増加に注目する。アメリカの急速な人口増加の主たる原因は，食料生産費の期待値が低いことである。決して，前もって食料が豊かに供給されてきたから人口が増加したわけではない。

第4章　リカードゥの経済思想　71

同様に，ヨーロッパの緩慢な人口増加の主たる原因は，そこでは食料生産費の期待値が高いことである。

このように，マルサスにおける地代上昇の第1原因とは，資本蓄積 → 利潤低下 → 生産費低下 → 地代上昇，というものであった。リカードゥは，「利潤の低下が資本蓄積の必然的結果であるという推論は誤りである」（*Works*, Ⅱ, 132. 『マルサス評注』評注71）として，マルサスの見解を批判した。

2．地代上昇の第2原因

マルサスは地代上昇の諸原因の第2として「労働賃金を低下させるような人口増加」（Ⅰ，411. 下254）をあげている。マルサスにおける地代上昇の第2原因は，人口増加 → 労働供給増加 → 賃金低下 → 生産費低下 → 地代上昇である。

しかし，リカードゥの「賃金・利潤の相反関係」によれば，労働の賃金が低下する時には，地代が上昇するのではなく，資本の利潤が上昇するのである。賃金と利潤との合計はつねに同一の価値を持つのであり（Ⅰ，115. 上163-164），いかなる賃金の低下も地代を引き上げることはない。「賃金が低下すれば，上昇するのは利潤であって，地代ではない」（Ⅰ，411. 下254）。逆に，賃金が上昇すれば，低下するのは利潤であって，地代ではない。「地代および賃金の上昇と利潤の低下とは，一般に同一

の原因——食料に対する需要の増加，その生産に必要な労働量の増大およびその結果である食料の高価格——の不可避的結果である。たとえ地主がその地代全額を放棄するとしても，労働者は少しも利益を受けないだろう」（I，411. 下255）。

リカードウによれば，地代上昇の主たる原因は，劣等地耕作の進展ただ1つである。マルサスにおいては，賃金低下 → 地代の上昇であるのに対して，リカードウにおいては，賃金の低下 → 利潤の上昇である。

3. 地代上昇の第3原因

マルサスによれば，地代上昇のもう1つの原因は，「一定の生産物を生産するのに必要な労働者数を減少させるような農業上の改良ないし努力の増大」（I，412. 下255）である。地代上昇の第3原因は，農業上の改良 → 労働生産力の向上 → 必要労働者数の減少 → 生産費の低下 → 地代の上昇である。

リカードウは，ここで，土地の肥沃度が即時に地代を引き上げる原因だとする第1原因に対するのと同じような論理で「反対意見」を提示する。リカードウはいう。農業上の改良と肥沃度の増進とは，将来のある時期に地代の上昇をもたらすであろう。しかし，人口が同じ比率で増加するまでは，食料の追加量が需要されることはなく，地代が上昇することはない。なぜならば，人口が増

加して劣等地耕作が進展しない限り，地代が上昇することはないからである。土地の肥沃度が即時的に地代を引き上げる原因でないのと同様に，農業上の改良が即時的に地代を上昇させる効果はないというのである。

リカードウの考えでは，農業上の改良の即時的効果は，一定の生産物を生産するのに必要な労働者数を減少させることだけである。人口が一定である限り，需要される食料は一定である。人口一定のままで，農業上の改良が起こった場合には，一定の生産物を生産するのに必要な労働者数の減少が引き起こされるだけであり，地代が上昇することはない。

リカードウの方法は，「主たる原因は何か」を問う方法であった。リカードウによれば，人口が増加して劣等地耕作が進行しない限り，農業上の改良が起こったとしても地代の上昇はない。リカードウがマルサス地代論を批判する論理の中に，「主たる原因は何か」を問う方法を指摘することができる。

4．地代上昇の第4原因

マルサスによれば，「原生産物の生産を奨励するのは需要と高価格とである」（I，414．下260）。マルサスにおける地代上昇の第4原因は，需要増加による穀物価格の上昇→地代の上昇である。

『地代論』では，地代上昇の第1原因から第3原因ま

でについては，何ら説明が行われず，第4原因について
のみ説明されていた。その理由は，需要増加による穀物
価格の上昇は，生産費としての賃金にも影響を与えるた
めであった。『地代論』でのマルサスの基本的な考えは，
「穀物価格の上昇率が貨幣賃金の上昇率を上回る」とい
うものであった。

　第4原因について，マルサスの『経済学原理』では次
のように説明されている。「もし，特定の国の原生産物
に対して，隣接国民の間で大きな継続的な需要が起れば，
この生産物の価格はもちろん著しく騰貴するであろうが，
耕作の経費は緩慢かつ徐々にしか同じ割合にまで騰貴し
ないから，この生産物の価格は長期間に渡って極めて高
く維持されて改良に対して大きな刺激を与え，新しい土
地を耕作に引き入れ，旧来の土地をはるかにもっと生産
的にするのに，多くの資本を投ずるよう促すかもしれな
い」(*Works*, Ⅱ, 143) と。このように，隣接国民から穀
物需要が増加すると，穀物価格は上昇するが，生産費の
上昇は穀物価格の上昇に遅れるので，長期間，穀物価格
と生産費との差額が生じて，農業上の改良が行われ，新
しい土地へ資本が投下されるであろうというのである。

　さてリカードウは，マルサスの見解を，穀物の生産を
奨励するものは穀物の市場価格の上昇であると限定した
上で，その意見に同意する。「穀物の生産は，穀物の真
の価格の変動によって奨励されるのではなく，その市場

価格の変動によって奨励されるのである」（Ⅰ，416．下262）。

リカードウはいう。「穀物の生産量に影響を及ぼすものは，穀物をいかなる価格で生産できるかということではなくて，いかなる価格で販売できるか，ということである。穀物の価格が生産費を上回る超過額の程度に比例して，資本は土地に引き寄せられるか，あるいは土地から追い出される。もし，この超過額が土地に投下される資本に対して，資本の一般的利潤よりも大きな利潤を与えるほどであれば，資本は土地に赴くだろう。もし一般的利潤よりも少ない利潤しか与えられなければ，資本は土地から引き揚げられるだろう」（Ⅰ，415-416．下262）。穀物の生産は，穀物の真の価格の変動によって奨励されるのではなく，穀物の市場価格の変動によって奨励されるのである。

「より多量の資本および労働が土地に引き寄せられるのは，穀物の市場価格が穀物の真の価格を上回って騰貴して，経費の増加にもかかわらず，土地耕作を資本のより有利な使用方法とするからである」（Ⅰ，416．下262）。穀物の販売価格が生産費を上回る超過額，すなわち地代が上昇する場合とは，生産費の上昇にもかかわらず，劣等地耕作が進展する場合である。

「一商品の価格が永続的に騰貴しうるのは，ただ，その生産に投下されなければならぬ資本および労働の量が

増加するためか，貨幣価値が下落したためか，そのいずれかに限られている」（Ⅰ，417. 下265）。後者は貨幣数量説である。この「貨幣価値の変更から生ずる（価格の）変動は，全商品に共通して同時に起る」のに対し，前者の変動から生ずる変動は，「その生産に要する労働が増減する特定の商品に限られている」（Ⅰ，417. 下265）。

リカードウによれば，穀物輸入の自由化により，穀物価格は低下する。「穀物輸入の自由を認めることによって，あるいは農業上の改良によって，原生産物（の価格）は下落するだろう。だが，他のいかなる商品についても，その価格は，その商品の組成に入りこむ原生産物の真の価値の下落，つまり生産費の下落に比例して下落するという点を別にすれば，少しも影響を受けないだろう」（Ⅰ，417. 下265-266）。「地代は穀物の高価格の結果なのだから，地代の喪失は低価格の結果である」（Ⅰ，427. 下272）。安価な穀物の輸入によって，穀物価格は低下する。その時には，「資本は土地から立ち去って，何か別の事業部門におもむくだろう」（Ⅰ，428. 下273）。

安価な穀物の輸入によって，地代は喪失されるが，富は増加する。「原生産物および他の生産物の合計量は増加するだろう」（Ⅰ，428. 下273）。安価な穀物の輸入によって，穀物の価値は減少するが，穀物の分量は増加する。リカードウが穀物法を批判する際の論理とはこのようなものであった。

V むすび－穀物価値論の重要性－

　リカードウは『原理』において，「原生産物の相対価値が騰貴する理由は，最後に収穫される部分の生産に，より多くの労働が投下されるからであって，地主に地代が支払われるからではない」という，穀物価値論を提示した。地代が支払われるから穀物が高価なのではなく，「穀物が高価だから地代が支払われる」のである。地代は商品価格の構成要素ではないとされた。リカードウがマルサスの地代論を批判する際の理論的基礎は穀物価値論であった。リカードウの生産費説によれば，価格を規定するのは生産費である。彼は，需要供給による価格決定論を批判した。長期的に見た場合，穀物価格を規定するのは主として穀物の生産費である。穀物の生産費を規定するのは主として穀物価値である。穀物価値は劣等地耕作の進展につれて騰貴する。これがリカードウ理論の核心である。

　マルサスの地代論の特徴は次の３点である。①資本蓄積と人口増加は利潤と賃金とを低下させる。②穀物の生産はそれみずからの需要を創造するから，蓄積過程において穀物価格は低下することはなく，むしろ上昇する。③したがって，穀物価格は生産費を超過するが，この超過分が地代であり，地代は蓄積過程で上昇する。

マルサスにおける地代上昇の4原因論は，①資本蓄積による利潤低下，②人口増加による賃金低下，③農業上の改良による生産費低下，④需要増加による穀物価格の上昇というものである。4原因のいずれかによって地代は上昇する（*Works*, Ⅱ, 133-134）。地代上昇の4原因は，富の増進の指標でもある。したがって，富の増進につれて地代が上昇するのは自然的である。マルサスの見解では，「自然の賜物」としての地代は，新しい富の創造である。マルサスの地代論の実践的意味は，穀物輸入制限擁護論の理論的根拠を提供するという点に見出すことができる。マルサスは次のように考えた。穀物輸入の自由化 → 穀物価格の低下 → 地代の減少 → 国民経済への大きな不利益が生じる。したがって，ナポレオン戦争後の穀物価格の低下を阻止する政策は，国民経済の発展にとって必要であり，望ましいことである。1815年穀物法の目的は，高い穀物価格の維持である。マルサスの地代論は，穀物法擁護論の理論的基礎であった。

リカードウは，「主たる原因は何か」を問う方法を活用し，マルサスの地代論を批判した。リカードウは，穀物価値論を理論的基礎として，地代上昇の主たる原因は，劣等地耕作の進展であるという見解を提示した。マルサスの地代論においては，賃金の低下 → 地代の上昇とされたが，リカードウの「賃金・利潤の相反関係」によれば，賃金の低下 → 利潤の上昇である。リカードウの差

額地代論によれば，肥沃な土地が豊富な場合には地代は存在しない。「土地は最も豊富，最も生産的な，そして最も肥沃な場合には，地代を生まない」（Ⅰ，75. 上112）。リカードウによれば，地代は「自然の吝嗇」によるものである。リカードウがマルサスの地代論を批判したことの実践的意味は，穀物法擁護論の理論的根拠を批判するという点に見出すことができる。リカードウの見解では，地代は富の創造ではなく，すでに創造された富の移転にすぎない。リカードウは次のように考えた。穀物輸入の自由化によって，穀物価格は低下し，穀物価格の低下によって地代は減少する。しかし，地代が減少しても，国民経済に大きな不利益は生じない。蓄積の基本ファンドである利潤は，賃金低下によって増大する。賃金低下をもたらす穀物価格の低下は，国民経済の発展をもたらす。穀物輸入制限の撤廃による穀物の自由貿易こそが望ましい。リカードウのマルサス地代論批判には，穀物法擁護論の理論的基礎を批判するという実践的な意味が込められていた。

　本章では，次の2つの論点を明らかにした。第1に，リカードウがマルサスの地代論を批判する際の理論的基礎は穀物価値論であったということ。第2に，リカードウはマルサスの地代論を批判する場合に，「主たる原因は何か」を問う方法を活用していたという点である。

[参考文献]

Ricardo, D. 1951. *On the Principles of Political Economy, and Taxation*, Vol. I, in *The Works and Correspondence of David Ricardo*, 11 vols. 堀 経夫訳『経済学および課税の原理』『リカードウ全集』I 雄松堂, 1972 年。羽鳥卓也・吉澤芳樹訳（上・下）, 岩波文庫, 1987 年。

Ricardo, D. 1951. *Notes on Malthus's Principles of Political Economy*, Vol. II, 鈴木鴻一郎訳『マルサス経済学原理評注』『リカードウ全集』II, 1971 年。

マルサス, T. R. 1820.『経済学原理』上・下, 小林時三郎訳, 岩波文庫, 1968 年。

内田義彦. 1989.『内田義彦著作集 第 2 巻（経済学史講義）』岩波書店。

太田一廣他編. 2006.『新版 経済思想史』名古屋大学出版会。

佐々木憲介. 2001.『経済学方法論の形成』北海道大学図書刊行会。

鈴木信雄編. 2005.『経済学の古典的世界 1』日本経済評論社。

千賀重義. 1989.『リカードウ政治経済学研究』三嶺書房。

高 哲男編. 2002.『自由と秩序の経済思想史』名古屋大学出版会。

中村廣治. 1996.『リカードウ経済学研究』九州大学出版会。

中村廣治. 2009.『リカードウ評伝』昭和堂。

羽鳥卓也. 1982.『リカードウ研究』未来社。

菱山 泉. 1977.『リカード』日本経済新聞社。

真実一男. 1983.『リカード経済学入門（増補版）』新評論。

馬渡尚憲. 1990.『経済学のメソドロジー』日本評論社。

第5章
J. S. ミルの経済思想

I　はじめに

　本章はジョン・ステュアート・ミル（John Stuart Mill, 1806-73）の経済思想の特質と現代的意義およびその限界を取り扱う。本章は次のように構成される。IIではミルの生涯と著作を概観し，彼の経済思想の形成過程を扱う。IIIでは生産・分配峻別論を論じる。IVでは停止状態論について考察する。ミルは，産児制限による人口制限が必要であるとした。人口制限によって貧困問題は解決可能であると考えた。人口制限政策は，彼の経済思想の特質であったが，それは彼の経済思想の限界でもあった。ミルの経済思想の最大の特質は分配制度の改善の中にあり，彼の経済思想の現代的意義は，分配制度の改善を含む停止状態論を提示した点にある。

Ⅱ　J. S. ミルの生涯と著作

1．ジェイムズ・ミル（父ミル）

　J. S. ミルの思想と性格に決定的な影響を与えた人物は，父のジェイムズ・ミル（James Mill, 1773-1836）であった。父ミルは，1773 年，小商人（靴匠）の息子としてスコットランドに生まれた。父ミルは，少年時代に，スコットランド財務判事のジョン・ステュアート卿にその才能を認められ，夫人ジェインらが作った聖職者養成のための奨学資金を得て，1790 年，エディンバラ大学に入学した。父ミルは，大学の普通課程を修め，牧師資格を取得したが，牧師職には就かなかった。いくつかの家の家庭教師を勤めた後，1802 年，ロンドンに移った。ステュアート卿が下院議員に当選しており，議会開会に同行したと推定される（山下，1997, 8-20）。

　ロンドンでの父ミルは，1819 年に東インド会社に就職するまで，ジャーナリズム活動によって生計を支えた。この時期は，雑誌への寄稿以外に収入がなかった。1805 年に結婚し，9 人の子ども（4 男 5 女）という大家族となる。父ミルは，民主主義の思想の持ち主であり，当時の地主支配体制における富裕な人々の考え方を嫌悪していた。父ミルは，1806 年頃，『英領インド史』の構想を立て，10 年後の 1817 年に刊行した。その期間，ほとん

どすべての日々のかなりの時間を，長男ジョンの教育に費やした。子どもたちのだれも，成年に達するまで，父以外の教師を全く持たなかった。父ミルは，ジョンに対して，最高級の知的教育を与えるために努力して，莫大な労力と配慮と忍耐とを費やした。

1808 年のはじめ，父ミルは『商業擁護論』を刊行し，大陸封鎖が製造業者と商人に不利益であることを重視し，穀物価格と地代の上昇を伴う封鎖体制から利益を得るのは地主階級だけであると批判した（同，112）。父ミルは，ナポレオン戦時下の封鎖的経済体制に伴う保護貿易を批判し，平和回復による自由貿易の必要性と商業の利益とを強調したのである（同，115）。この 1808 年から，父ミルはジェレミー・ベンサム（1748-1832）と親父を始めた。ベンサム 60 歳，父ミル 35 歳の時である。父ミルとベンサムとは，私生活でも緊密な関係となった。ベンサムは，1810 年，クイーン・スクエアの自宅の隣に所有していた旧ミルトン邸にミル一家を住まわせた。一家は数カ月でニューウィントン・グリーンに転居したが，1814 年には再びクイーン・スクエアに戻り，1830 年まで居を定めた。ミル一家は，1814 年から 18 年まで，ベンサムのフォード僧院の別荘に，1 年の半ば以上，滞在した（同，111）。

2．英才教育

　1806年5月20日，ロンドンにて，ジェイムズ・ミルの長男ジョンが生まれた。父ミルは，ジョンが3歳になると，ギリシア語を教えはじめた。ジョンは，執筆中の父ミルと同じ部屋の同じ机で勉強をした。ベンサムは，1812年7月25日付の書簡で，父ミルへ次のように述べている。「もしも，あなたが私をジョン・ステュアート・ミルの後見人に指名されるならば，父であるあなたに不慮のことが起こった時には，あの子をクイーン・スクエア・プレースか他のどこかに引き取って，必要ならば鞭打ちでも何でもして，悪魔と精霊の区別のようなあらゆる正当な区別をするように，また，法典でも百科全書でも，その他つくるのに適当な何でもつくることができるように，私が涙の谷のこの世の住人である間は，あの子を教えようと思います」（『J. S. ミル初期著作集1』1979，8）と。これに対して，父ミルは，1812年7月28日付の書簡で，ベンサムへ次のように答えている。「あなたのお申し出を真剣に受け止めて，お申し出ができるだけいかされるように配慮したいと思います。そうすれば，私たちは，おそらくあの子を私たち2人の価値ある後継者として残すことができるでしょう」（同，8-9）と。ジョンは幼児期に，父ミルからギリシア語の他に数学も教わった。夜は数学の勉強の時間であった。1810年から1813年まで，ミル一家はニューウィントン・グリーン

第5章　J.S.ミルの経済思想　85

に住んだ。家の周辺は田園風景である。父ミルは，朝食前，ジョンと散歩することが習慣であった。ジョンは，メモを取りつつ本を読み，その内容を散歩しながら父ミルに説明した（同，9）。

　1818年，12歳のジョンは論理学の学習を始める。プラトンの『国家』といった対話編を読む。13歳のジョンは，リカードゥの経済学に取り組む。父ミルの親友で実業家であったリカードゥ（1772-1823）は，父ミルの請願と強いすすめによって，『原理』（1817年）を出版した。「本書（リカードゥの『原理』）は，父の懇請と強いすすめがなかったならば，出版もされず，書かれもしなかったであろう。というのは，リカードゥは，非常に控え目な人物であって，自分の理論が正しいことを確信していたが，自説を解説し表現する能力が乏しいと考えて，著書の出版をためらっていたからである。リカードゥは，父の同じような友情をこめた激励によって，1，2年後に下院議員になった」（同，15）。ジョンは，リカードゥの『原理』の後に，スミスの『国富論』に取り組んだ。1819年，父ミルは東インド会社に就職することになり，ジョンへの個人指導も終わることになった。

3．恐怖と命令の教育
　父ミルの教育は，恐怖の教育であった。ジョンの性格は，控え目で，引っ込み思案であった。「父は，優しさ

と愛情の雰囲気の下では，優しく愛情に満ちていたことであろう。しかし，父は，不釣合な結婚と烈しい性格とのために，そのような雰囲気をつくり出すことができなかった」（同，16）。父ミルの教育は，愛の教育ではなかった。ジョンは，母について次のように述べている。もし母が，イギリス人には稀な，暖かい心を持った人であったならば，父を全く別の人間にしていたことであろうと。また，子どもたちを，愛情のある，人から愛される人間に成長させていたであろうと。しかし，ジョンの母は，子どもたちのためにあくせく働いて生涯を過ごすような女性であった。ジョンは，「愛情を欠いた恐怖の状態の中に成長した」（同，18）。

父ミルの教育は，命令の教育であった。それはジョンの意志の強さにとって有利ではなかった。ジョンは，「すべきことを自発的にしたことはなく，父が私にせよと言うまで待っていた」（同，19）。父ミルの命令の教育により，他の人々の指導に従おうと待っている引っ込み思案，道徳的自発性の不足，道徳感や知性さえも，誰か他の人に促されなければ発揮することができないという，指示待ちの性格が形成された。

4．ベンサムの別荘に同居

1814 年の冬，ミル一家は，ニューウィントン・グリーンからベンサムの家にごく近いウェストミンスターのク

イーン・スクエアの家に転居した。その家は，父ミルが
ベンサムから借りたものである。ミル一家は，この家に，
1830 年まで住んだ。1814 年から 1818 年まで，ベンサム
は，毎年の半分をフォード僧院の別荘に住んだが，ミル
一家は，その間，フォード僧院に同居する便宜を得た。
フォード僧院での生活は次のようなものであった。ベン
サムと父ミルは，同じ大きな部屋で，研究と執筆をした。
父ミルは，7 時には仕事を始め，ベンサムは 9 時過ぎま
で出て来なかった。その 2 時間，子どもたちは，同じ部
屋で勉強をした。朝食は 9 時であり，ベンサムは，13
時に食事をした。ベンサムは，13 時の食事の前に父ミ
ルと一緒に散歩に出かけた。父ミルは，朝食とこの散歩
の間の時間を，J. S. ミルの教育のために使った。父ミ
ルとジョンは，戸外をよく歩いた。父ミルは 13 時から
18 時まで，書斎で過ごし，子どもたちは勉強をした。
夕食は 18 時であり，ベンサムは，夜の時間を社交の楽
しみで過ごした（同，21）。食堂には，各種の楽器があ
り，この家には多くの階段があった。大広間もあり，小
さな書斎もあった（同，22）。こうした環境の中で，ミ
ルの知的な性格が形成された。

5．フランス留学

　3 歳の時からジョンは，父ミルの手によって英才教育
を受けて育った。1820 年 5 月から 1821 年 7 月まで（14

歳から15歳）の1年間，父のそばから離れて，フランスにおいて伸び伸びとした生活を楽しむ機会を得た。このフランス留学は，当時フランスに移住していたベンサムの弟サミュエル・ベンサム一家の暖かい配慮の賜物であった。フランス滞在中，フランス語を身につけ，フランス語の本に親しんだ（同，33）。体育の指導も受けたが，この分野は上達しなかった。モンペリエ大学理学部の講義の冬季講座にも出席した。高等数学の課程も履修した。フランスでの1年間を，「大陸の生活の伸び伸びとして気持ちのよい雰囲気」（同，33）の中で暮らした。パリで，J. B. セイ（1767-1832）の家にしばらく滞在した（同，35）。セイは父ミルの友人であり，フォード僧院の訪問者の一人であった。セイは，下院の構図を見せてくれた。各議員が着席する場所が示されていた。自由主義者は左側，極右派は右，与党は中央，日和見の連中は中間の議席を占めていた。フランス社会主義者のサン-シモン（1760-1825）にも会っている。「大陸の自由主義に対する強烈で永続的な関心」（同，35）に接し，その後も，親しみ続ける。

　ベンサムの弟サミュエル・ベンサムの長男ジョージ・ベンサム（1800-1884）は，後に植物学者となる。ジョージは，ジョンより6歳年長であったが，ベンサム家に滞在中，兄のように親しんだ（同，54）。ジョージは，ジョンのために，ダンスの個人授業の先生を頼んでくれた。

ジョージとは，植物・昆虫採集をして遊んだ。ジョージは，乗馬の学校も見つけてくれた。ジョンは，フェンシングのレッスンを受け，唱歌と音楽の授業を受けた。8月10日から50日間，ピレネー山地への大旅行をして，登山と植物採集に夢中になった。この大旅行は，フランス滞在中のハイライトであった。登山と植物採集は，生涯の趣味となった（同，31）。

6．ベンサム主義者となる

1821年，15歳のJ.S.ミル（以下，ミルと記す）は，イギリスへ帰国した。父ミルから，1冊の書物が渡された。デュモンの『立法論』（1802年）である。これはスイス人デュモンがベンサムの法学理論をフランス語で平易にまとめた本である。「本書を読んだことは，私（ミル）の人生の一大画期であり，私の精神史上の転換期の1つであった」（同，65）。ミルは，「最大多数の最大幸福」という功利主義を受け入れ，ベンサム主義者となった。1822-23年，ミルは功利主義協会を結成し，そのリーダーとなる。1823年，ミルは17歳で，父と同じ東インド会社に就職する。1824年，ベンサムの出資により，「哲学的急進派」の機関誌『ウェストミンスター・レヴュー』が創刊される（同，72）。ベンサム，J.ミル，J.S.ミルを中心とした「哲学的急進派」の人々は，功利主義と民主主義に基づき，資本家的な議会改革運動を推進した。

マルサスの人口論も，「哲学的急進派」の理論的基礎の1つであった。マルサスの人口論は，ゴドウィンの人間の無限の進歩可能性を否定するために主張されたものであった。ミルは，人口制限によって高賃金を実現して，労働者階級の貧困問題を解決しようとした。

7. 精神の危機

　父ミルによる早期教育を受けて育ったミルは，15歳の時からベンサム主義を信奉して，「哲学的急進派」の若き闘士として活躍した。しかし，1826年，20歳のミルは，精神の危機に陥った。この時期，ミルは，ベンサム主義に対する深刻な懐疑を経験して，多様な思想を吸収することになる。ミルは，1821年に，はじめてベンサムの本を読んだ時以来，特に『ウェストミンスター・レヴュー』の創刊以来，確固とした人生の目的を持っていた。それは，「最大多数の最大幸福」という功利主義に基づいて世界の改革者になるというものであった。ミルの幸福の概念は，この目的と一体であった（同，193）。しかし，1826年の秋，ミルは急に神経が麻痺したような状態に陥る。それまで快楽であると思っていたことが，どうでもよいことのように感じられた。ミルは，こうした心境の中で，次のように自問した。「お前の人生の目的が今この瞬間に完全に実現したと考えてみよ。このことは，お前にとって，大きな喜びであり，幸福であろう

か」と。この質問に対して，ミルの心の声は断固として「ノー」と答えた。ミルの幸福は，この人生の目的を追求する中に見出されるはずであった。この目的が魅力を失った今，生きる目的は残されていないように思われた（同，194）。

8. ロマン主義の影響

　ミルの憂愁の上に，一筋の希望の光が差し込む瞬間は，マルモンテルの『回想録』を読んでいた時に突然やって来た。マルモンテルの父の死と家族の窮迫した状態，まだ少年であったマルモンテルが突然霊感を受けて，自分が家族のために何でもしよう，家族のために，今の自分ができることをしようと決意し，家族に対してそのように宣言した一節に出会った。この光景に関する生き生きとしたイメージがミルを感動させ，ミルは喜びの涙を流した。この瞬間に，ミルの心は嘘のように軽くなった（同，199）。

　ミルは，幸福が行為の基準の指針であり，幸福が人生の目的であるという信念については，変節しなかった。しかし，幸福という目的は，それを直接の目的としない場合に達成される，と考えるようになった。自分自身の幸福以外の，何か具体的な目標，すなわち，他の人々の幸福とか，人類の進歩とかに注意を集中して努力している人々だけが，結果として幸福を感じることができるの

である。自分は幸福であるかと自問したならば，幸福で
はなくなってしまう。幸福になる唯一の方法は，自分の
幸福以外の，何か具体的な目標を設定した上で，目標に
向かって，今やるべきことを積極的にやることである。

　ミルは，人間にとって，詩や音楽が教養の糧として重
要な意味を持っている，ということも理解するようにな
る（同，201）。ミルの失意は，彼の幸福感の崩壊から生
じていた。問題は，もしも社会と政治の改革者たちがそ
の目的を達成して，社会のすべての人々が自由で物質的
に安楽な状態となった時，人生の喜びはもはや苦労して
戦うことによって維持されることがなくなるために，喜
びではなくなるのではないか，ということであった（同，
202）。

　ミルの思想と感情がこのような状態の中で，1828 年
の秋，22 歳のミルは，ロマン主義の詩人ウィリアム・
ワーズワスの詩集を読む。これは，ミルの人生の転機と
なった。ワーズワスの詩は，ミルの不安な心に，ぴった
りと寄り添うように感じられた。ワーズワスの詩は，田
園風景と自然美への好みという，ミルの感受性に対して，
強く訴えた。少年時代のピレネー山地の旅行以来，山岳
美は，自然美についてのミルの理想そのものであった。
ワーズワスの詩は，感情の状態と感情に彩られた思想の
状態とを表現しているように感じられた。ミルは，ワー
ズワスの詩を読むことにより，内から湧き上る喜びや，

共感的，想像的な喜びの泉から水を汲む思いを感じて，元気を回復した（同，204）。

1833年1月と10月の2回，ミルは『マンスリ・レポジトリ』誌上に，「詩の本質」および「詩人論」と題する論文（『J.S.ミル初期著作集2』所収，189-227）を発表した。ミルは，ワーズワスの「内部瞑想の抒情詩」の特質を基調として，「詩は孤独と瞑想の自然な果実である」というミル自身のロマン主義詩論と，「哲学者詩人」としてのワーズワス論とを展開した。ここには，ミルのロマン主義への傾倒が表明されている。

9．ハリエット・テイラーとの交友

1830年8月に，24歳のJ.S.ミルは，23歳の人妻ハリエット・テイラー（1807-1858）と出会う。ミルとハリエットは，20年にわたる交友の後に結婚する。ハリエットは，ロンドンの南方のウォールワースの外科医トマス・ハーディの長女として生まれ，1826年3月，18歳の時に，ロンドンで薬種業を共同経営していたジョン・テイラー（1796-1849）と結婚し，ロンドンに新居を構えていた。1827年には長男ハーバードが，1830年には次男アルガーノンが生まれていた。ハリエットはミルと初めて会った時，翌年7月に生まれる女の子（ヘレン）を妊娠していた（山下，2003，306）。ミルとハリエットは相愛の仲となる。テイラー夫妻は話し合いの結果，ハリ

エットは妻としてとどまり，週末にはミルと過ごすように
なった。この三角関係は，1849 年にジョン・テイラー
が世を去るまで，20 年近く続いた（泉谷，2013，12）。ミ
ルとハリエットは，1851 年 4 月に結婚する。結婚生活
は，ハリエットの急死により，7 年半で終わりを告げた
（『J. S. ミル初期著作集 2』，3）。ミルとハリエットとの間
には，「女性の社会的地位という最も重大な問題につい
て，同じ関心を持っているという強い連帯感があった」
（同，13）。ハリエットは，「詩的芸術的な性質において
極めて優れていた」（同，15）。ミルは，絵画や彫刻の趣
味，詩の趣味を深めることになった。ミルは，ハリエッ
トが愛好していたシェリーの詩を読むようになる。ミル
は，社交や個人的交際をわずらわしいと思うようになっ
ていく（同，16）。

　ミルは，ハリエットとの約 20 年にわたる交友関係が
プラトニックなものであったことを暗示する文章を残し
ている。「私たちは，動物的な欲望の奴隷ではないすべ
ての人々が，そうでなければならないように，最も強く
崇高な友情は，男女間には性的関係なしには存在できな
いとか，他の人々への顧慮や思慮分別や人格的尊厳が要
求するときでも，そのような低級な衝動を抑えることが
できないといった卑劣な考え方を軽蔑した」（同，17）
と。

　ハリエットの死後，ミルは，アヴィニョンとロンドン

にて養娘ヘレン・テイラーと生活を共にした。

10. ミルのベンサム主義批判

1832年，ベンサムが84歳で亡くなった時，J.S.ミルは26歳である。ミルは，父ミルからの英才教育により，ベンサム主義を教え込まれた。フォード僧院の別荘での同居生活によって，ミルはベンサムの人柄にふれ，彼の質素な日常生活を熟知していた。ミルは，1826年にはじまる「精神の危機」を経て，追悼文「ジェレミー・ベンサム氏の訃報」（1832）を書き，「ベンサムの哲学」（1833）では，ベンサム主義の限界を認識するに至る。人間の行動は快楽と苦痛によって全く決定されるというのが，ベンサム主義の根本原理であるとした上で（同，178），ミルは，ベンサム主義の限界について次のようにいう。「人類は実際に彼らを動かしている刺激の一部分によってのみ支配されていると想定し，しかもこの部分について人類は実際にそうであるよりもはるかに冷酷で思慮深い計算家であると考えていることである」（同，185）と。ミルは，ベンサム主義の一面性を批判した。「彼（ベンサム）は自分の思想を他の哲学者の思想とめったに比較しなかったし，他の人々の中に彼の理論が反駁する手段や理解する手段を持つことができなかったような思想が，どんなに多く存在していたかということに決して気づかなかったのである」（同，187）と。

ベンサムは,「人間の行為は快楽と苦痛によって決まる」として,個人の効用の可測性と,効用の集計可能性とを仮定し,人類の目的として「最大多数の最大幸福」という最大幸福原理を主張した(永井,2003, 58)。ミルは,このようなベンサム主義の一面性を批判した。ミルは,功利主義を精神的な快楽を含んだ内容に修正した。「満足した豚であるよりも不満足な人間である方がよく,満足した馬鹿であるよりも不満足なソクラテスである方がよい」というのが,ミルの功利主義の考え方であった。

ミルは,快楽に質の差があるとみた。価値の高い精神的快楽を感じる人間を高尚な人間,価値の低い物質的快楽を追及する人間を低俗な人間とみて,満足した豚であるよりは不満足な人間であるほうがいいとした。ベンサムの量的功利主義に対して,ミルは質的功利主義を提唱した。

ベンサムは,国民性の相違を過小評価した。ベンサムにとって,人間性は不変であった。ベンサムは,イギリスの教育制度をそのまま植民地インドへ適用しようとしたが,ミルは,国民性の相違,慣習や伝統という精神的な要素の重要性を強調した。

11. 『自由論』

1859 年,ミルは『自由論』を公刊し,その第 2 章「思想および言論の自由について」の中で,なぜ少数の

反対意見を沈黙させるのは不当か，という問題を提示した。ミルは，支配的な意見の「多数者の専制」，「無誤謬性の仮定」を批判した。反対意見と真理に関して，ミルは次の３点を指摘した。①たった一人の反対意見が真理かもしれない（青年を腐敗させる犯罪者として死刑に処せられたソクラテスの例）。②少数の反対意見が全くの誤謬だとしても，支配的意見は，論争によってこそ，その合理的根拠が理解できる。③一般的には，反対意見の中にも真理の一部分が含まれている（18世紀の文明讃美の風潮の中で文明批判をしたルソーの例）。「人間は，議論と経験とによって，自分の誤りを正すことができる。経験のみでは十分ではない。経験をいかに解釈すべきかを明らかにするためには，議論がなくてはならない」（ミル，1971，44），「真理は，相矛盾する二組の理由をあれこれ考えあわせてみることによって定まるのである」（同，75），「その問題に関して自分の主張を知るに過ぎない人は，その問題に関してほとんど知らないのである」（同，76）。ミルにとって自由とは，他人に害を及ぼさない限り，自分自身の幸福を自分自身の方法において追求することである。自分でよいと思う生き方をお互いに許し合うことが自由であるが，個人は他人の迷惑となってはならないのである。「自由の名に値する唯一の自由は，われわれが他人の幸福を奪い取ろうとせず，また幸福を得ようとする他人の努力を阻害しようとしない限り，われわれは

自分自身の幸福を自分自身の方法において追求する自由
である」(同，30)。

12. 『代議制統治論』

1861年，ミルは『代議制統治論』を公刊し，その第8
章「選挙権の拡大について」の中で，多数を占める労働
者階級の政治的知性が低いとして，教育の程度に応じた
複数投票制度を提案した。「ひとりの人が，2重投票権
を持つのは，同一選挙場で2票を投ずるというやり方以
外の方法でも可能であり，2つのちがった選挙区で各1
票を持ってもいい」(ミル，1997，232) と。ミルは，無
教育者あるいは救済貧民という下層階級が選挙権を持つ
ことに反対した。「自分の労働によって，自分自身の生
計を維持できない人は，他人の金を自由にする権利を要
求することはできない」(同，222-223)。ミルは，代議制
の条件に，課税をあげる。「どんな目的のためにも他人
のポケットに手を入れることを許可するに等しい」(同，
221) として，税金を何も払わない人々には，選挙権を
与えるべきではない，とミルは考えていた。労働者階級
の男性が選挙権を獲得するのは第2次 (1867年) および
第3次 (1884年) の選挙法改革によってである (同，81)。

ミルは，女性も選挙権を持つべきであるという女性参
政権の要求をした。「女性に選挙権を与えよ，そうすれ
ば彼女は名誉という政治問題の作用のもとに置かれるだ

ろう」（同，241）。ミルは，「無教養に対する教養の優位」
を当然視し，教養人に複数投票権を与えることを主張し
た。ミルは，人間の自由や個性，「多数者の専制」や少
数意見の尊重を主張しながらも，文明と教養への信仰を
捨てることがなかった（水田，1997，451），ということ
ができる。われわれは，複数投票制度の提案の中に，教
育による教養を重視したミルの経済思想の特質を見出す
ことができる。同時に，複数投票制度の提案の中に，ミ
ルの経済思想の限界を指摘しておきたい。

　1865年，ミルは下院議員に当選し，1868年まで務め
た。彼は，候補者としての選挙運動を一切せず，選挙費
用を自己負担せず，地方の利害のための運動をしなかっ
た。下院議員としてミルは，労働者階級の選挙権の要求，
女性参政権の要求を行った（小泉，1997，155）。イギリ
スの国会で女性参政権の問題がはじめて取り上げられた
のは1867年であり，その時国会にその法案を提起した
議員こそ，ミルその人であった（杉原，1994，41）。1867
年，ミルはスコットランドのセント・アンドリューズ大
学総長に推され，就任演説（ミル，1983）を行った。

13. 『女性の解放』

　1869年，ミルは『女性の解放』を公刊し，女性に職
業選択の自由を与え，教育の男女差別を撤廃し，女性に
参政権を与えるという，「女性の解放」を主張した。現

在の「家庭は専制主義の学校」である。親の命令に子ど
もが服従する関係となっている。しかし、家庭は、これ
を正しく作り直すことにより、「自由の徳の学校」とす
ることができるであろう。家庭を、対等者相互の共感の
学校、愛をもってともに住む学校にしようではないか。
ミルは、家庭環境の改善のためには、「女性の解放」が
必要であると考えていたのである（ミル，1957，103-104）。

　「女性の解放」による社会的利益は、次の3点である。
第1に、女性に職業選択の自由を与え、男女間の教育の
差別をなくし、女性参政権を認めることにより、人間関
係が「正義によって規制されるようになるという利益」
（同，159）がもたらされる。「女性の解放」による第2の
利益は、「人類にたいする高級な奉仕のために用いられ
る精神的能力の量が、倍になる」（同，163）という経済
的効果である。さらに第3に、男女平等が正義の実現に
貢献すること、それが人類全体にとっても個人にとって
も利益をもたらすこと、それが自由に向かっての人間の
進歩であるとされている（水田，1984，256）。

　ベンサムの場合、道徳規範は、「最大多数の最大幸福」
として個人の外側に存在したが、ミルのいう正義は、個
人の行為を内面からも拘束する規範である。正義の持つ
絶対的義務は、人間は相互に傷つけあってはならない、
相互に自由に対して不当な干渉をしてはならないという
意味を持っている。ミルは、正義の中心に平等を位置づ

け，それらを功利によって包摂しようとした。ミルは，
自然法思想の平等主義，人権思想を道具として利用した
ということができる。ミルは，ベンサムが批判した人権
思想を復活させて，正義，平等，自由という用語を用い
て，人間と社会を把握し直そうとした（同，252-255）。

14. 晩　年

　1870年，ミルは「土地保有改革協会」を設立した。
ミルは，土地が怠惰な人々から勤勉な人々へ移転するよ
うな，土地改革案を構想した。ミルは，国営・公営農業
については消極的であった（杉原，同，125）。晩年のミ
ルは，土地は社会の共有財産であるとして，土地改良や
土地利用に基づく土地所有権を考えていた（松井，2006，
341）。1873年，ミルは南フランスのアヴィニョンにて
逝去し，同年，『ミル自伝』が養娘ヘレン・テイラーの
手により公刊された。

Ⅲ　生産・分配峻別論

1. 生産法則と分配制度

　マルサスは『人口論』において，下層階級の貧困問題
の主たる原因は，自然法則としての人口圧力によって不
可避的に発生する人口増加であるとした。J.S.ミルは，
食料が増加すれば必ず人口が増加するというマルサスの

人口法則を，原理としては継承しつつも，産児制限による人口制限によって高賃金は可能であると主張した。ミルは『経済学原理』において，生産法則と分配制度とを峻別するという2分法を提示した。「生産の法則と異なって，分配の法則は，一部は人間の制度に属する」（Mill, 1848, 訳①62ページ。以下，訳のページ数を①62と記す）と。生産法則は，物理的真理の性質をもち，そこには選択の可能なものや恣意的なものは何もない。しかし，分配制度は人間の制度の問題である（Mill, 1848, ②13-14）というのである。生産法則と分配制度とを峻別するという生産・分配峻別論は，スミスやリカードウには見られない点であり，ミルの経済思想の特質である。生産法則には，人口法則や土地収穫逓減法則があげられる。分配制度は，社会の人為的な法律や慣習に依存しており，制度改善により変更可能であるとされた。

ミルは，『原理』第1編第12章「土地からの生産増加の法則について」の中で次のようにいう。「土地の分量に限りがあり，土地の生産性にも限りがあるということこそ，生産の増加に対する真の制限となっているものである」（Mill, 1848, ①327）と。また，「それは，富裕勤勉なる社会に何ゆえに貧困があるかという，その原因の問題の全部を含んでいる」（Mill, 1848, ①328）と。「農業上の技術および知識の状態が与えられたとすると，労働を増加しても生産物はこれと同じ割合で増加するもの

ではない。すなわち，労働を2倍にしても，生産物は2倍に増さない。換言すれば，およそ生産物を増加させるには，それに相当する割合より以上に多くの労働を土地に対して使用しなくてはならなくなるということ，これである」(Mill, 1848, ①328-329)。収穫逓減の法則は，「経済学における最も重要な命題である」(Mill, 1848, ①329)。貧困の原因は収穫逓減の法則にある，というのがミルの考え方であった。

　続けてミルは，収穫逓減の法則の阻止要因について考察する。「農業上の知識，技術および発明の進歩」(Mill, 1848, ①339)，鉄道や運河，良い道路といった「交通機関の改良」(Mill, 1848, ①340)，「海上輸送関係の改良」(Mill, 1848, ①341) が指摘されている。これらにより，「食料の生産費が減少するであろう」(Mill, 1848, ①341) というのである。「生産技術の改良が行われるとき，それは，必ず農業労働に対する収穫逓減の法則に対して何らかの方法で相敵対するような影響を及ぼさずにはいないものである」(Mill, 1848, ①343) と。ここでミルは，「およそあらゆる改良のうち，農地保有制度および土地所有に関する法律の改善ほど労働の生産性の上に直接に影響するものはないものである」と自説を展開している。ミルはいう。「土地が利用すること少なき人々の手から利用すること多き人々の手へ移ってゆくという自然的傾向を助けるような，悲惨なアイルランド式の小作制度を

廃止して何ほどかこれ以上の借地制度を設けるような，なかんずく耕作者をして土地に対し永続的な利害を感じさせる制度のような，およそこれらの改善は，いずれも多軸紡績機や蒸気機関の発明にも劣らないほど現実的な，あるものはこれと同じように大きな，生産上の改良となるのである」（Mill, 1848, ①344）と。またミルは，「教育の改善についてもこれと同様のことをいいうる」（Mill, 1848, ①345）と指摘する。このように，ミルは収穫逓減の法則を阻止する要因として，農業技術の改良，国内交通機関の改良，海外輸送関係の改良を指摘して，これらは，食料生産費を低下させると考えた。

ミルは『原理』第1編第13章「前記の法則からの帰結」第1節において次のようにいう。経済的に考えて肝要なことは，勤勉と蓄積の有効な欲求の増進であり，その手段として次の3つをあげている（Mill, 1848, ①349）。第1は，政府を良くすること。財産の保障を完全にし，租税を軽減し，租税と称して気ままな課税をなすことを廃止し，土地保有の制度を永続性のある有利なものとして，耕作者の勤勉と技能と節約との成果をできるだけ多くその耕作者に与えるようにすること。第2は，公衆の知性の向上を図ること。勤勉を有効に使用するのを妨げる慣習や迷信の打破。第3は，外国の技術を導入すること。外国資本を輸入して，国民に新しい考えを吹き込み，旧来の風習を破り，国民の間に新しい欲求を呼び覚まし，

野心を増し，将来に対する思慮を増加させることである。これらの考慮事項は，アジアのすべての国々に，またヨーロッパの国々のうち文明が遅れ，勤勉の程度が劣っている後進国に当てはまるものとされる。

ミルは『原理』第 13 章第 2 節では，「人口制限の必要性は，ひとり財産不平等の社会状態においてのみ存在するものではない」（Mill, 1848, ①350）ことを指摘する。イギリスのような先進国の場合においても，収穫逓減の法則を阻止するために，やはり人口制限は必要である，と主張される。ミルは，イギリスにおける人口の増加と改良の進行とを比較して，次のようにいう。「イギリスでは，フランス大革命に先立つ長い期間にわたり，人口の増加は遅々たるものであったが，しかし改良の進行，少なくとも農業上の改良の進行は，なおさら遅々としていたようである」（Mill, 1848, ①353-354）と。ミルはイギリスにおける農業技術の改良が進行することに期待をしながらも，それだけでは不十分であり，やはりイギリスにおいても人口制限が必要である，というのである。

ミルは『原理』第 13 章第 3 節では，「人口制限の必要性は穀物の自由貿易によって解消されるものではない」（Mill, 1848, ①355）ことを指摘する。第 1 に，われわれが穀物を輸入しうる外国の土地は，海岸または河川に接した部分のみである。交通の進歩は遅々としたものであるので，やはり人口増加は有効に制限される必要がある。

第2に，オーストラリアやアメリカ合衆国から食料を輸入できるとしても，このような国では，人口も異常な速度で増加している。そのため，いっそう遠隔不便な土地を耕作しなければならないことになり，食料の生産費は増加するであろう。

ミルは『原理』第13章第4節では，「人口制限の必要はまた一般に移民によって解消されるものでもない」（Mill, 1848, ①361）ことを指摘する。自発的な移民が，国家事業といえども，長く続きうるものであろうか。移民は人口制限の必要性をなくするものではない，というのがミルの考えであった。

ミルは，リカードウ経済学の原理から得られる結論は，出発点の仮定を認める限り真であるが，その仮定は現実的でないので仮説的な意味でのみ正しいという。「リカードウ氏がこれから引き出しているところの結論，すなわち賃金というものは結局は恒久的な食料価格と共に騰貴するものであるという結論は，同氏のほとんど一切の結論と同じように，仮説的には，すなわち同氏が出発点とするところの仮定を承認するならば真理である。しかしながら，これを実際に当てはめるに当っては，同氏がいうところの最低限なるものは，特にそれが肉体的最低限ではなくして，道徳的最低限とでも名づけうるものである時には，それ自身変動しがちのものであるということを考えておく必要がある」（Mill, 1848, ②283-284）と。

ミルは，リカードゥの経済学を旧経済学派と呼び，旧経済学派の特徴として次の5点を指摘する。第1に，根深い利己心の制度依存性，時間的・場所的な制限性，将来の変化の可能性を理解していないこと。第2に，私有財産制度の排除，土地の共有財産化の可能性について考慮していないこと。第3に，競争の制度依存性，時間的・場所的な制限性，将来の変化の可能性を考慮せず，強い競争を想定していること。第4に，3階級社会を最終的なものとみて，私有制との関係，その時間的・場所的な制限性，将来の変化の可能性を考慮していないこと。第5に，資本蓄積と人口増加の停止状態を望ましくないとみることである（馬渡，1997，13-15）。

旧経済学派においては，3階級の分配法則は物理学における自然法則のように必然的なものとされた。しかし，ミルによれば，3階級間における分配法則は，利己心，私有財産制度，競争，3階級社会という制度的諸前提があるからこそ可能なのである。ミルは，制度的諸前提やマルサスの人口法則について，歴史貫通的なものでも不変的なものでもなく，人間の選択によって変更可能なものと考えた。ミルは，旧経済学派の原理から直接的に得られる結論は，あくまでも暫定的なものにすぎないとした。ミルは，人を踏みつけ押しのけ，出世するために競争する状態を，社会の正常な状態であるとは考えなかった。ミルは，個性を重視したという点では自由主義者で

あったが，労働者教育の普及の中に人間性の進歩の可能性と，それに応じた制度的諸前提の改善可能性とを志向した。ミルは改良主義的な自由主義者であった。

ミルは生産法則と分配制度とを峻別した。この生産・分配峻別論によって，原理を政策に応用する可能性が拓かれた。ミルの『原理』の表題は，『経済学原理，および社会哲学へのそれらの原理のいくつかの応用』である。ミルの『原理』は単なる理論の書物ではなく，その応用も内容としていた。ミルの経済学体系は，原理とその社会哲学への応用を目的としていた。生産・分配峻別論は，ミルの経済思想の特質であった。

2．原理と政策

ミルは，『原理』序文において，スミスの『国富論』の特徴は，原理と応用とを組み合わせている点にあると指摘した上で，スミスの目的・構想・叙述法を高く評価した。「スミスは，経済学の応用に当たっては，純粋経済学が与えるところの考察とは異なる考察，それよりもはるかに広大な考察に訴えている」(Mill, 1848, ①24)と。ミルにおいては，経済学体系とは純粋経済学と応用経済学とから構成されるものであり，経済理論とは純粋経済学のことであった。ミルは，経済理論に関してはリカードウを高く評価したが，経済学体系としてはスミスを高く評価したということができる。しかし，スミスの

『国富論』は古くて，不完全である（Mill, 1848, ①24）。ミルの『原理』は，原理としてはリカードウの理論を継承しつつ，「原理とともに応用を教える」という経済学体系のスタイルとしては，「スミスにおきかわる本」を目標にした（馬渡, 1997, 80）。

ミルは，原理と政策の関係に関して，リカードウとは異なる見解を提示した。リカードウは，資本と人口の増加の停止状態を望ましくないとした。ミルは，原理を政策に応用する場合には，経済的・非経済的な諸事情を十分に考慮すべきであるとした。ミルは『原理』第4編第4章第4節において，利潤率低下の傾向に関していう。「人口が資本の増加とともに，かつそれに比例して増加したとしても，なお利潤の下落は不可避であろう。人口の増加は農業生産物に対する需要の増加を意味する。この需要は，産業上の改良が行われない場合には，より劣等な土地を耕作するか，あるいは従来からすでに耕作されている土地をより入念に，かつより多大の費用をかけて，耕作するかして，生産費を増大させることによってのみこれを満たすことができる。したがって，労働者の生計を維持する費用は増大する。そして労働者がその生活状態の低下に甘んずるのでない限り，利潤は低下せざるを得ないわけである」（Mill, 1848, ④77）と。ミルはいう。「イギリスのような国においては，もしも年々現在のような額に上る貯蓄が続くものとし，かつこのよう

な貯蓄が利潤を低下させるうえに有する自然的影響を阻
止するところの反作用的諸事情がどれも存在しなかった
とすれば，利潤率は速やかにその最低限に到達して，そ
の後における資本の増加はさしあたり一切停止してしま
うであろう」(Mill, 1848, ④78) と。

ミルの利潤率低下論は次の通りである。①資本蓄積と
人口増加という経済的進歩の過程においては，食料需要
が増加する。②食料需要が増加すれば劣等地耕作が進展
する。③劣等地耕作の進展において，土地収穫逓減の法
則が作用するため，食料の生産費が増大する。④食料の
生産費の増大は食料価格を上昇させる。⑤食料価格上昇
は労働者の生計維持費用たる賃金の上昇をもたらす。⑥
賃金と利潤との間には相反関係があるので，賃金上昇に
よって利潤および利潤率は低下せざるをえない。利潤率＝
利潤÷総資本であり，総資本一定の場合，利潤低下は利
潤率低下となる。⑦利潤率は低下し続け，資本の停止状
態が到来することは不可避的である（杉原，1990，105-
106)。

ミルの利潤率低下論の基本図式は次のようなものであ
る。

　　資本と人口の増加 → 食料生産費の増大 →
　　賃金上昇 → 利潤率低下 → 停止状態

ミルは『原理』第4編第4章第5‐8節において，利

潤率低下を阻止する要因として次の4点を指摘する。第1に，周期的恐慌，第2に，農業技術の改良，第3に，外国からの低廉な食料の輸入，第4に，資本輸出である。利潤率は利潤額を総資本で割った値であるので，阻止要因②と③は，利潤額を増大させるために賃金を規定する食料価格を低下させようとするものである。②と③はリカードウにおいても考えられていた。阻止要因①と④は，資本それ自体の減少を意図したものであり，ミル特有の提案であった。ミルの議論は，植民地の存在を当然視した上でのイギリスの立場からの議論であった。植民地の存在を当然の前提とした点は，ミルの経済思想の限界であった。

Ⅳ　停止状態論

1．人口制限政策

　ミルは『経済学原理』第4編第6章「停止状態について」において，経済的進歩と人間的進歩とを区別した。経済的進歩とは，資本増大と人口増加および生産的技術の進歩という意味であり（Mill, 1848, ④101)，人間的進歩とは，精神的文化や道徳的社会的進歩のことである（Mill, 1848, ④109)。その上でミルは，「富および人口の停止状態（定常状態）は，しかしそれ自身としては忌むべきものではない」（Mill, 1848, ④104）とした。ミルは，

経済的進歩の過程が，必ずしも知的・道徳的な進歩としての人間的進歩をも促進するとは限らないとした。経済的進歩は人間的進歩という目的のための手段の1つにすぎない。ミルは，具体的な政策を導出する場合には，経済学の原理をそのまま適用するのではなく，諸事情を十分に考慮すべきであるとした。利潤率低下論という経済学の原理に関しては，ミルはリカードウの理論をほぼ継承した。しかし，具体的な政策を提言する場合には，経済的および非経済的な諸事情を十分に考慮すべきであるという，ミル特有な考え方を提示した。考慮すべき諸事情に関してミルはいう。第1に，人間的進歩には安全で美しい自然環境が必要であるが，資本蓄積による生産増加にはその自然環境を悪化させるというマイナス面がある（経済的事情）。第2に，時間的・空間的な孤独こそは人間の思想を育てるゆりかごであるが，過度な人口増加にはその大切なゆりかごとしての孤独な時間・空間を喪失させるというマイナス面がある（非経済的事情）と。ミルが提唱した具体的な政策は次の3つである。第1に，富の公正な分配政策，第2に，自発的な人口制限政策，第3に，組織的植民政策である。

　ミルは，資本蓄積・生産増加によって自然環境が悪化するという，経済進歩に伴うマイナス効果を重要視した。ミルによれば，都市における人口過密は人間の思想を育てるゆりかごとしての孤独な時間・空間を喪失させる。

美しい自然の中での落ち着いた生活こそは，思想を育てるゆりかごである。ミルはいう。「生産の増加が引き続き重要な目的となるのは，ひとり世界の後進国の場合のみである。最も進歩した国々では，経済的に必要とされるのはより良き分配であり，そしてよりいっそう厳重な人口の制限が，そのための唯一の欠くべからざる手段となっているのである」(Mill, 1848, ④106-107) と。またミルはいう。「孤独——時おりひとりでいるという意味における——は，思索または人格を深めるためには絶対に必要なことであり，自然の美観壮観の前における独居は，思想と気持ちの高揚——ひとり個人にとってよい事であるばかりでなく，社会もそれをもたないと困るところの，あの思想と気持ちの高揚——を育てるゆりかごである」(Mill, 1848, ④108) と。このように，ミルは生産至上主義を批判した。ミルは，「自らの地位を改善しようと苦闘する状態」や「互いに人を踏みつけ，押し倒し，押しのけ，追い迫ること」は，「文明の進歩の途上における必要な一段階ではあるであろう」(Mill, 1848, ④105) という。資本と人口の停止状態においてこそ，知的・道徳的な側面における進歩すなわち人間的進歩は可能となる，という見解が提示された。

　ミルは，理想社会のイメージに関して，次のようにいう。「労働者層の給与が高く，かつ生活の豊かなこと，一人の人の生涯の間に獲得蓄積されたもの以外には，莫

大な財産というものがないこと，しかし一方，ひとり荒々しい労苦を免れているばかりでなく，また機械的な煩雑な事柄からも——しかも身心ともに十分な余裕をもって——免れて，そのために人生の美点美質を自由に探究し，またより不利な事情のもとにある諸階級に対し，その成長のために，その美点美質の手本を見せることができるような人々の群れが，現在よりもはるかに大きくなっていること」（Mill, 1848, ④107）と。このような理想社会は，資本と人口の停止状態によって妨げられるのではなく，むしろ資本と人口の停止状態ともっとも自然的に両立することができる，というミルの見解が提示される。

　ミルはいう。「資本および人口の停止状態なるものが，必ずしも人間的進歩の停止状態を意味するものでないことは，ほとんど改めて言う必要がないであろう。停止状態においても，あらゆる種類の精神的文化や道徳的社会的進歩のための余地があることは従来と変わることがなく，また生活の技術を改善する余地も従来と変わることがないであろう。そして技術が改善される可能性は，人間の心が立身栄達のための術のために奪われることをやめるために，はるかに大きくなるであろう。産業上の技術でさえも，従来と同じように熱心に，かつ成功的に研究され，その場合における唯一の相違といえば，産業上の改良がひとり富の増大という目的のみに奉仕するということをやめて，労働を節約させるという，その本来の

第5章　J.S.ミルの経済思想　115

効果を生むようになる，ということだけとなるであろう」
(Mill, 1848, ④109) と。

ミルは，経済的進歩と人間的進歩を区別した上で，イ
ギリスのような先進国の人々は，人間的進歩のために，
分配制度の改善と自発的な人口制限とを実施して，自ら
進んで資本と人口の増加の停止状態に入ろうではないか，
という停止状態論を提示した。「私は後世の人たちのた
めに切望する。彼らが，必要に強いられて停止状態に入
るはるか前に，自ら好んで停止状態に入ることを」
(Mill, 1848, ④108)。ミルによれば，経済的進歩が人間
的進歩をもたらすとは限らない。ミルにおいて，資本と
人口の増加の停止状態は，必ずしも人間的進歩の停止状
態を意味するわけではない。ミルによれば，「自らの地
位を改善しようと苦闘している状態」というのは，「文
明の進歩の途上における必要な一段階」(Mill, 1848, ④
105) にすぎない。ミルによれば，資本と人口の増加の
停止状態においてこそ人間的進歩は可能となる。先進国
の人々が理想社会としての停止状態に移行するためには，
贈与や相続の金額を制限するといった公正な分配制度と，
厳重な人口制限の実施とが必要である。

停止状態とは，資本と人口が毎年同じ水準を維持する
定常状態を意味している。停止状態では，人間的進歩は
停止せず，「生活の技術」や産業上の技術は改善される
余地が大きいとされる。停止状態では，自然環境に対す

る人間中心的な侵害を是正するための努力も，実行することが可能となる（四野宮，1997，123）。停止状態では，産業上の技術改良は，生産の増大のためにではなく，労働時間の短縮のために活用される（杉原，1990，110）。ミルは，必要に強いられて停止状態に入る前に，先進国の人々は自らの選択で停止状態に入ろうではないかと提唱した。

　ミルは，食料が増加すれば必ず人口が増加するというマルサスの人口法則を，原理としては継承しつつも，貧困克服のためには産児制限による高賃金が必要であるとして，人口制限政策を主張した。ミルによれば，労働者の高賃金は労働人口の制限によってもたらされる。ミルの賃金基金説よれば，実質賃金は労働需要（賃金基金）と労働供給（人口）との関係によって決まる。ミルは，賃金基金説を理論的基礎として，人口制限 → 高賃金，と考えた。マルサスは産児制限を主張することはなかった。ミルは，労働者の貧困問題解決のためには，人口制限が必要であると考えた。

　ミルの人口制限政策は，後に，マーシャルによって批判される。マーシャルによれば，ミルの論理は，「ある変化の即時的効果と永続的効果」（Marshall，1920，訳④279ページ。以下，④279と記す）とを混同したものである。マーシャルは，長期的には人口制限政策によって高賃金を持続することはできない，と批判した。「生産量を制

限するための反社会的な策謀によって賃金を引き上げようとする試みは，富裕階級一般を，そしてとくに企業心に富み，困難を克服することを喜ぶ精神によって，労働者階級にとってもっとも重要であるような種類の資本家を，海外に追いやることは確かである。なぜなら，彼らのやむことを知らない創意心は，国民の指導的地位の確立に役立ち，人々の労働の実質賃金を高めることを可能にし，他方において，機械の供給の増大を促進し，それによって能率の向上に役立ち，国民分配分の成長を持続させるからである」（Marshall, 1920, ④283）と。

　マーシャルによれば，政府による人口制限政策が実施された場合，その即時的効果は高賃金であるが，その永続的効果は，企業家の海外流出による国民所得の減少による低賃金である。マーシャルの時代においては，アメリカは南北戦争（1861-65年）の後に鉄道建設ブームを迎え，ドイツは1871年にビスマルクが国家統一を達成していた。1870年代，後進国アメリカとドイツは，先進国イギリスが独占的に保有していた，世界経済における「産業上の主導権」に対して挑戦を開始した。マーシャルの政策的課題は，①労働者階級の貧困問題の解決と，②世界経済における「産業上の主導権」の確保という，「2つの政策課題」を同時に解決することであった。ミルの場合は，国内政策優先の立場から，停止状態論を提唱することができた。しかし，マーシャルの場合には，

国内の貧困問題と国際関係とを同時に解決しなければならない状況に変化していた。人口制限政策だけでは,「２つの政策課題」を同時に解決することはできない。労働者階級の貧困問題を長期的に解決するための政策として, 人口制限政策はその有効性が疑われることになった。労働者階級の貧困問題を解決するという問題意識では, ミルもマーシャルも同じであった。しかし, 人口制限政策によって高賃金を維持しようとする場合には, 国際競争力の低下というマイナス効果が伴うことをマーシャルは懸念した。マーシャルは, 人口制限政策ではなくて, 産業組織の改善によって, 長期的な高賃金が持続可能となる, という見解を提示した。マーシャルは, 人口制限の即時的効果と永続的効果とを区別した上で, 人口制限によって企業家精神が衰退すれば, 高賃金は持続しないという見解を示した。マーシャルは, 創意心に富んだ企業家が遂行する産業組織の改善こそ, ①労働者階級の貧困問題の解決と, ②世界経済における「産業上の主導権」の確保とを, 同時に解決しうる有効な政策であると考えたのである。

　マルサスの『人口論』では, 下層階級の貧困問題は, 人口原理という自然法則に関わる問題であり, 人間の制度に関わる問題ではないとされた。マルサスは, 下層階級の貧困問題は自然法則としての人口圧力によって不可避的に発生するという, 人口重視の思想を提示した。マ

ルサスは，若い人々が結婚をできるだけ遅らせるという道徳的抑制を提唱した。また，マルサスは，下層階級への生活保護法としての救貧法の廃止を主張した。救貧法の効果は，生活能力のない下層階級の人口増加による貧困の増大であるとされた。これに対して，ミルは，原理としてはマルサスの人口論を継承しつつも，政策としては，高賃金を実現するための産児制限による人口制限政策を提唱した（新マルサス主義）。ミルは，貧困の原因は収穫逓減の法則にあるとした。ミルは，人口の制限政策を実施することによって労働者階級の高賃金がもたらされて，貧困問題は解決できると考えた。人口制限政策は，ミルの経済思想の特質であった。しかし，人口制限による高賃金という政策の有効性は，短期的な場合に限定される。後進国との国際競争という状況においては，イギリスが単独で人口制限政策を実施した場合，企業家は海外へ流出して，国際競争力は相対的に低下する。人口制限政策によって高賃金を維持することは困難である，といわざるをえない。

2．分配制度の改善

ミルの経済思想の最大の特質はどこにあったのであろうか。ミルは，生産法則と分配制度とを峻別し，原理と政策とを区別して考えていた。ミルは，分配制度は人間の制度の問題であるとの立場から，将来における土地を

含む私有財産制度の改善の可能性を示唆した。分配制度の改善に関して，ミルが想定した具体的な政策は2つである。第1の政策は，財産の相続について，第2の政策は，土地の所有権についてである。第1の政策についてミルは，財産の相続および贈与とくに遺贈に注目し，それらによる所有の権利は，勤労の所産としての所有の権利ではないとして，相続法は改善すべきであるとした（四野宮，1997，129）。ミルは『原理』第5編第9章第1節「相続法」において，相続ないし遺贈の原則として，次の3つをあげる（Mill，1848，⑤189-190）。①子どもがいて，子どもが自活能力を欠く場合は，国が彼らに与えるであろう額を，親の財産から相続することを認め，その他は国に帰属させる。②何人とも世間並の自立生活のための金額以上のものを相続によって取得することを許さない。③無遺言死亡の場合は，財産はその全部を国家に帰属させる。ただし，国は，子どもに対して，彼らの境遇や能力および幼少時の生活様式を考慮して，正当で合理的な生活ができるための援助を与えることとする。

第2の政策についてミルは，土地は人類が作ったものではないから，人類に所有権はないとして，地代の増加に対する「特別な課税」を提唱した（四野宮，同，131）。ミルは『原理』第2編第2章第5節「土地所有権の根拠。動産所有権の根拠と異なるところ」において次のようにいう。「私有財産の本質的原理は，人々が自分の労働に

よって生産し，自分の制欲によって蓄積したものを，すべてそれらの人々に保障するということである」(Mill, 1848, ②68)。したがって，私有財産の原理は，労働の生産物でない土地の原生的素材には妥当しないわけである。続く第6節「土地所有権は一定の条件のもとでのみ有効であるが，その条件は必ずしもいつも実現されるものではない。その制限についての考察」においてミルは次のようにいう。「土地所有者が土地改良家である場合にのみ有効な理由となるものである」(Mill, 1848, ②71) と。土地所有権は，その土地を実際に耕作している利用者とか，土地を耕作ないし生産に利用できるようにした改良家に認めるのを原則とすべきである，というのである。「いやしくも土地所有者がその土地を耕作するつもりでない場合は，一般に，その土地を私有財産としておく十分な理由がないものである」(Mill, 1848, ②78) とされる。このように，ミルは土地所有に関しては，その土地を実際に耕作して利用している人に，またその土地を耕作ないし生産のために利用できるように改良した人に認めることを原則とすべきである，と考えていた。

　ミルは『原理』第5編第2章第5節「自然的諸原因による地代の増加は特別な課税の対象として好適である」において次のようにいう。「国の地代総額の増加は，ひとり農業からのものばかりでなく，都市の成長と建築物の増加からのものも含めて，非常に大きなものであった

のであるが，この増加分のうち，不労所得であり，かつ
いわば偶然的な所得であるところの，非常に大きな部分
に対し租税を賦課することは，それが極めて正当なこと
であるはずであるにもかかわらず，立法府における土地
所有者たちの支配的地位のために妨げられてきたのであ
った」(Mill, 1848, ⑤58)。ここでミルは，産業の一般的
発展に依存する，いわゆる外部経済によって地価が騰貴
した場合には，地代の増加に対して，「特別な課税」を
実施して，公共の利益に還元すべきである，と主張して
いるのである。ミルは，努力や犠牲を払うことなしに，
単なる自然法則から生じた地代の増加分に対して，「特
別な課税」の実施を提案した。「今日からは，あるいは
立法府がこの原理を主張するに適していると考える将来
のある期日からは，その後における地代の増加に対して
特別な課税をなすと宣言することに反対する理由は認め
られないと思う。そして特別な課税をなすと宣言する際
に，土地の現在の市場価格を地主たちに保障したならば，
彼らに対する一切の不公正を避けうることになる」
(Mill, 1848, ⑤59) と。

　スミスは『道徳感情論』と『国富論』において，「富
と徳」両立論を提示して，富と徳が両立可能な「自然的
自由の体制」を構想した。しかし19世紀の現実は，機
械は導入されたものの，労働者の失業や貧困問題は解決
されない状況であった。こうした中で，ロバアト・オウ

エン（1771-1858）は，『ラナーク州への報告』（1821年）において，失業者あるいは貧困労働者を資本の下に組織して雇用を与えようとした。オウエンの「社会主義」とは，企業原理と社会形成原理との双方を貫く，「一致と協力の原理であった（永井，1992，64）。ミルは『経済学原理』第2編の分配論の最初の2つの章において，土地所有権を含む私有財産制度と社会主義（オウエン，サン-シモン，フーリエ）とを論じた。ミルは社会主義に対して，公平にその経済的主張を検討するように努めた。公平（分配的正義・勤労意欲）と自由という2つの基準から比較検討した結果，ミルは結局，共産制を肯定することはなかったが，同時に，私有財産制の分配にも問題があることを認めて，労働者自身のアソシエーション（協同組織）を高く評価した（馬渡，1997，434-435）。

　ミルは『原理』第2編第1章「所有について」で，社会主義という言葉を，「共産主義あるいは私有財産制の全廃を唱えないで，広く土地と生産用具とを個人の所有とせず，社会または集団または政府の所有となすべしと要求する主義に対して使われている」（Mill, 1848, ②20）と規定した上で，「われわれは，最善の状態における個人制がどのような成績をあげることができ，また最善の形態における社会主義がどのような成績をあげることができるかということについては，目下のところあまりに知るところが少ないから，この二制度のどちらが人類社

会の終局の形態となるかを決定する資格はない」（Mill,
1848, ②31）と述べて，結論を保留した。ミルは， 2 つ
の条件が備わっていれば，現在の社会制度の下でも，貧
困の問題は解決可能であると考えた。ミルにおける貧困
問題解決のための 2 つの条件とは，①教育の普及と，②
社会の人口の適度なる制限であった（Mill, 1848, ②30）。

　スミス → リカードウ → ミル → マーシャルという実
物経済学の系譜において，ミルの生産・分配峻別論はユ
ニークな性格を有していた。本章では，分配の改善政策
の中に，ミルの経済思想の最大の特質があった，という
ことを明らかにした。ミルは，「精神の危機」を経て，
ベンサムの量的功利主義の一面性を克服し，ロマン主義
思想や社会主義思想から多様な思想を学び，質的功利主
義思想を形成した。ミルの経済思想の最大の特質は富の
分配政策の中にあり，ミルの経済思想の現代的意義は，
富の分配政策を含む停止状態論を提唱した点にある。マー
シャルは，『経済学原理』第 4 編第 6 章第 2 節において，
こうしたミルの停止状態論を批判した。「イギリス人の
ミルは，美しい風景の中を一人で歩くことの喜びについ
て語る際に，彼に似合わない熱情を爆発させている」
（Marshall, 1920, ②270）と。マーシャルは，ミルの人口
制限政策と停止状態論を批判して，産業組織の改善を理
論的基礎とする有機的成長論を提示した。

V むすび—分配の改善—

Ⅱではミルの生涯と著作を概観し，彼の経済思想の形成過程について考察した。17歳で東インド会社に就職したミルは，植民地の存在を容認した。Ⅲではミルの『経済学原理』における生産・分配峻別論を論じた。彼は，分配法則は人間の制度の問題であるとして，将来における土地を含む私有財産制度の改善の可能性を示唆した。Ⅳではミルの停止状態論について検討した。

ミルは，高賃金のためには産児制限による人口制限が必要であると考えた。人口制限 → 高賃金の実現により，労働者階級の貧困問題は解決可能であるとされた。人口制限政策は，ミルの経済思想の特質ではあったが，同時にそれは彼の経済思想の限界でもあった。マーシャルは，人口制限政策の永続的効果は，企業家の海外流出 → 国民所得の減少 → 低賃金であることを示し，ミルの人口制限政策を批判した。

本章では，ミルの経済思想の最大の特質は，人口制限政策の中にではなく，分配制度の改善の中にあることを明らかにした。また，ミルの経済思想の現代的意義は，分配制度の改善を含む停止状態論を提唱した点にあることを明らかにした。ミルは，外部経済による地代の増大に対して，「特別な課税」を提唱したのであった。

［参考文献］

Marshall, A. 1920. *Principles of Economics*, (1st ed., 1890), 8th ed., Macmillan. 長澤越郎訳『経済学原理』全4巻, 岩波ブックセンター信山社, 1985年。

Mill, J. S. 1848. *Principles of Political Economy with some of their Applications to Social Philosophy*, 1965, 2 vols, in *Collected Works*, Toronto, vol. Ⅱ‐Ⅲ. 末永茂喜訳『経済学原理』①～⑤, 岩波文庫, 1959-1963年。

Mill, J. S. 1859. *On Liberty*, 1977, in *CW*, vol. ⅩⅧ. 早坂　忠訳「自由論」関嘉彦編『世界の名著38 ベンサム, J. S. ミル』中央公論社。

Mill, J. S. 1873, *Autobiography*, 1981, in *CW*, vol. Ⅰ. 牟田夏雄訳『ミル自伝』岩波文庫。

ベイン, A. 1993.『J. S. ミル評伝』山下重一・矢島杜生訳, 御茶の水書房。

ミル, J. S. 1957.『女性の解放』大内兵衛・大内節子訳, 岩波文庫。

ミル, J. S. 1960.『ミル自伝』朱牟田夏雄訳, 岩波文庫。

ミル, J. S. 1971.『自由論』塩尻公明・木村健康訳, 岩波文庫。

ミル, J. S. 1979.『J. S. ミル初期著作集1』杉原四郎・山下重一編, 御茶の水書房。

ミル, J. S. 1980a.『J. S. ミル初期著作集2』杉原四郎・山下重一編, 御茶の水書房。

ミル, J. S. 1980b.『J. S. ミル初期著作集3』杉原四郎・山下重一編, 御茶の水書房。

ミル, J. S. 1997.『J. S. ミル初期著作集4』杉原四郎・山下重一編, 御茶の水書房。

ミル, J. S. 1982.『ミル自伝初期草稿』山下重一訳, 御茶の水書房。

ミル，J. S. 1983. 『ミルの大学教育論』竹内一誠訳，御茶の水書房。

ミル，J. S. 1997. 『代議制統治論』水田洋訳，岩波文庫。

有江大介編. 2013. 『ヴィクトリア時代の思潮 J. S. ミル』三和書籍。

小泉　仰. 1997. 『J. S. ミル』（イギリス思想叢書 10）研究社。

四野宮三郎. 1997. 『J. S. ミル思想の展開 I』御茶の水書房。

四野宮三郎. 1998. 『J. S. ミル思想の展開 II』御茶の水書房。

四野宮三郎. 2002. 『J. S. ミル思想の展開 III』御茶の水書房。

杉原四郎. 1990. 『西欧経済思想史研究』同文館。

杉原四郎・山下重一・小泉　仰編. 1992. 『J. S. ミル研究』御茶の水書房。

杉原四郎. 1994. 『J. S. ミルと現代』岩波新書 評伝選。

杉原四郎. 2003. 『杉原四郎著作集 II』（自由と進歩—J. S. ミル研究）藤原書店。

清水敦・櫻井毅編. 2012. 『ヴィクトリア時代におけるフェミニズムの勃興と経済学』御茶の水書房。

前原正美. 1998. 『J. S. ミルの政治経済学』白桃書房。

松井名津. 2005. 「ジョン・ステュアート・ミル」鈴木信雄編『経済学の古典的世界 1』日本経済評論社。

松井名津. 2006. 「ジョン・S・ミル」大田一廣・鈴木信雄・高　哲男・八木紀一郎編『新版 経済思想史』名古屋大学出版会。

深貝保則. 2002. 「功利主義的統治と経済的自由主義」高　哲男編『自由と秩序の経済思想史』名古屋大学出版会。

馬渡尚憲. 1997. 『J. S. ミルの経済学』御茶の水書房。

永井義雄編. 1992. 『経済学史概説』ミネルヴァ書房。

永井義雄編. 1993. 『ロバアト・オウエンと近代社会主義』ミネルヴァ書房。

永井義雄. 2003. 『ベンサム』（イギリス思想叢書 7）研究社。

128

永井義雄・柳田芳伸編. 2010. 『マルサス人口論の国際的展開』昭和堂。

水田　洋. 1997. 「訳者解説」『代議制統治論』岩波文庫。

水田珠枝. 1984. 『ミル「女性の解放」を読む』岩波書店。

山内久明編. 1998. 『対訳　ワーズワス詩集』岩波文庫。

山下重一. 1976. 『J. S. ミルの政治思想』木鐸社。

山下重一. 1997. 『ジェイムズ・ミル』（イギリス思想叢書 8 ）研究社。

山下重一. 1998. 『J. S. ミルとジャマイカ事件』御茶の水書房。

山下重一. 2003. 『評註　ミル自伝』御茶の水書房。

和田重司. 2011. 「G. E. ムーアと J. S. ミルの功利主義論」音無通宏編著『功利主義と政策思想の展開』中央大学出版部。

第6章

マーシャルの経済思想

I　はじめに

　本章はアルフレッド・マーシャル（Alfred Marshall, 1842-1924）の経済思想の特質と現代的意義およびその限界を取り扱う。彼は『経済学原理』（初版1890年，第8版1920年，以下『原理』と略称）において，経済学とは富の研究であると同時に人間研究の一部であると定義して，有機的成長論を提示した。また，「経済学の現状」（1885年）では，「冷静な頭脳と暖かい心」が必要であるとした。本章の論点は次の2点である。第1に，なぜ「冷静な頭脳と暖かい心」の両方が必要なのかを，マーシャルの立場から明らかにする。第2に，経済学が富の研究であると同時に人間研究の一部である理由を，マーシャルの立場から明らかにする。本章は次のように構成される。IIでは同時代の経済思想を取り扱う。IIIでは「経済学の現状」について論じる。IVでは有機的成長論について考察する。Vでは経済学の重要性を確認する。

II　同時代の経済思想

　経済社会に関するマーシャルの経済思想の特質と限界を明らかにするために，マーシャルと同時代の諸思想について整理しておきたい。ここでは，ダーウィン，W. S. ジェヴォンズ，ヘンリー・ジョージの3人を取り上げる。

1．ダーウィンの生物進化論

　チャールズ・ダーウィン（1809-82）は，『種の起源』（1859年）において，自然選択説を骨子とする生物進化論を提示した。ダーウィンは生物進化論を構想する場合に，マルサスの『人口論』（初版1798年，第6版1826年）から，競争と進歩の関係について影響を受けている。マーシャルは，ダーウィンの生物進化論から，競争と進歩の関係について影響を受けている。マーシャルの有機的成長論は，経済社会に関する「競争と進歩の思想」であるということができるが，「競争と進歩の思想」の系譜は，マルサス → ダーウィン → マーシャルである。

　マーシャルは『原理』「付録B　経済科学の発展」の中で，ダーウィンの生物進化論が現代の経済学者の考え方に影響を与えたことに関して，次のようにいう。「富の分配という重大問題について前世紀の初めに支配的であ

った考え方と現代の考え方を比較する時，われわれの見出すことは，細部における変化と推論における科学的な正確さの改善のすべてにもまさって，取り組み方に1つの根本的な変化が見られるということである。すなわち，初期の経済学者たちは人間の性格と能率をあたかも固定した不変量と見るべきもののように論じているのに対して，現代の経済学者は，それらは人間が生活している環境の所産であるという事実を常に心の中に持ち続けていることである」（Marshall, 1920, 764. 邦訳には原典のページ数も記されている。以下，原典のページのみを示す。）と。また，「19世紀の進行につれて生物学の集団は徐々にその進路を開拓しつつあった。そして人々は有機的成長の本質についてより明瞭な観念を獲得しつつあった」（764）と。さらに，「ついに生物学の思索は大きな進歩をとげた。その発見はより早い時期の物理学の発見と同じように世人の注目を集めた。道徳および歴史科学の色調には著しい変化が生じた。そのような一般的な動きに経済学も参加し，人間性の可変性について，また人間の性格が富の生産，分配および消費の支配的な方法に影響を与え，またそれによって影響される仕方について，年々より大きな注意が払われるようになりつつある。新しい動きの最初の重要なあらわれはジョン・ステュアート・ミルのすばらしい『経済学原理』に見られる」（764）と。そして「ミルの後継者たちは，リカードウの直接の追随

者たちがとった立場から遠ざかるミルの動きをさらに継続した。このようにして機械的な要素とは区別された人間的な要素は経済学においてますます顕著な地位を占めるようになりつつある」(765) と。

ここでマーシャルは，リカードウとその追随者たちは，人間が環境の産物であり，環境と共に変化し成長するとは考えなかったのに対して，現代の経済学者は，「人間性の可変性」について，ダーウィンの生物進化論から影響を受けているというのである。マーシャルの有機的成長の理論とは，ダーウィンの生物進化論から強く影響を受けたものであった。マーシャルの有機的成長のヴィジョンとは，貧困こそは人間の無力や無能の原因であるという観点から，労働者の「生活基準の向上」の可能性を構想したものである，ということができる。

2．ジェヴォンズの限界効用価値論

ウィリアム・スタンレー・ジェヴォンズ (1835-82) は『経済学の理論』(1871 年) で「最終効用度」の概念を発見して，いわゆる限界効用価値論を提示した。ジェヴォンズの限界効用価値論は，リカードウの労働価値論を批判したものであった。

W. S. ジェヴォンズは，J. ベンサムの功利主義から効用の重要性を学ぶ一方で，数学の微分・積分の考え方を経済学に適用した。ジェヴォンズは，ベンサムの効用概

念と微分・積分の考え方とを結合することにより，限界効用という新しい概念を発見した。

　マーシャルは，書評「ジェヴォンズ氏の『経済学の理論』（1872 年）」（マーシャル『経済論文集』所収）において，「これら 2 組の理論の相違は大きな重要性を持ってはいるが，それは主として形式上の相違にすぎない。例えば，本書を読み進める時，内容において新しい重要な命題を発見することはできないであろう」（Marshall, 1885, 94. 訳 317 ページ。邦訳には原典のページ数も記されている。以下，原典のページ数のみを示す）として，ジェヴォンズの価値論に厳しい評価を与えた。ただし，25 年後に，上記の書評についての日付のない文章が，マーシャル自身のノートの中から発見された。「今日では私は，彼を最も偉大な経済学者の一人として尊敬している」（99）。「私がジェヴォンズの『原理』を読んだ時，リカードウに対する若い忠誠心が燃え上がった」（100）。「経済学の多くの側面において，他の何人よりもジェヴォンズから学んでいる」（100）と。マーシャルは『原理』において，リカードウの価値論との連続性を意識しつつ，価値論を提示した，ということができる。

　マーシャルは『原理』において，需要と供給が価格を決定するという需要・供給均衡理論を提示した。マーシャルの需要・供給均衡理論は，価値は限界効用によって決定されるというジェヴォンズの限界効用価値論と，価

値は生産費によって決定されるというリカードウの生産費説に対する，両面批判を意図したものである。

　マーシャルは『原理』第5編において，サプライサイドの分析を重視しつつ，価値論の世界に「一時的」，「短期」，「長期」，「超長期」という4つの時間区分を導入した。マーシャルは，価値を分析する際，「他の事情にして等しい限り」という部分均衡分析を採用した。縦軸に費用と価格を，横軸に生産量をとったグラフ上で示せば，「一時的」とは，供給量一定の場合であり，供給曲線は横軸に垂直となる。この場合，価格は主として需要に依存する。価値は限界効用によって決まるというジェヴォンズの限界効用価値論が成立するのは，マーシャルにおける一時的均衡の場合に限られる。「短期」とは，生産設備が一定の場合である。短期においては，右上がりの供給曲線と右下がりの需要曲線との交点において均衡価格が成立する。「長期」とは，生産設備が変化する場合である。長期の供給曲線は，横軸に水平になる。長期においては，価格は主として水平な供給曲線すなわち生産費によって決まる。「超長期」とは，知識，人口，資本の漸次的な成長と世代間の嗜好の変化を考慮した場合である。超長期においては，価格はなだらかな右下がりの供給曲線（生産費）によって決まる。

3．ヘンリー・ジョージの平等主義

　ヘンリー・ジョージ（1839-97）は，1839 年にアメリカで生まれ，南北戦争（1861-65 年）後の 1879 年に『進歩と貧困』を出版した。その中で彼は，土地私有財産制度がある限り，物質的進歩によって分配の不平等は拡大するとして，「地価への課税以外のすべての課税を廃止すること」（George, 1879, 訳 301 ページ）という「地価単一税」の導入を提案した。彼はいう。「富が増大するにつれて貧困が深刻となり，生産力が増加するのに賃金が引き下げられるのは，あらゆる富の源泉で，あらゆる労働の場所である土地が独占されているが故である」（訳 242）と。

　地代は地主の不労所得であるというヘンリー・ジョージの思想は，イギリスではウェッブ夫妻らフェビアン協会（1884 年設立）の人々に，ロシアではトルストイの「人にはどれほどの土地がいるか」（1886 年）に影響を与えた。中国の孫文や明治時代の日本の思想家たちへの影響も少なくない。物質的進歩により不平等が拡大するというジョージの思想は，マーシャルの「競争と進歩の思想」と対峙的である。

　マーシャル有機的成長論には，ジョージの平等主義・社会主義を批判するという意図が含まれていた。ジョージによれば，物質的進歩によって分配の不平等が拡大したのであるから，分配の改善によって貧困問題は解決す

ることになる。しかし，マーシャルによれば，労働者階級の貧困問題を解決するためには，富の生産が必要なのである。分配の改善による平等化政策は，短期的な効果しかないであろう。経済進歩を伴わない分配の平等化政策は，長期的には，貧困問題を悪化させるというのがマーシャルの考え方である。マーシャル経済学の中心課題は，富の分配でも富の消費でもなくて，富の生産問題であった。

Ⅲ　マーシャルの「経済学の現状」

マーシャルは，1885 年，フォーセット教授の後任としてケンブリッジ大学の教授に選任された。その時の就任講義が「経済学の現状」である。ここでは，その内容を考察する。

1.　人間性は不変か

マーシャルは「経済学の現状」において，次のように指摘する。「19 世紀のはじめにイギリスの経済学者が犯した主な誤りは，歴史と統計を無視したことではなく，リカードウと彼の追随者たちが，事実のうちの 1 つの大きな集団を無視し，さらに，今日われわれが最重要であると考えている事実の研究の方法を無視したことであります」（Marshall, 1885, 154）と。彼はいう。「彼らは人

間をいわば不変量と見なし，人間の多様性を研究する労
を，ほとんど取ろうとしませんでした。彼らが知ってい
たのは主としてシティメンでありました。他のイギリス
人も，彼らがシティで知っていた人々と，極めてよく似
た人々であると，暗黙のうちに見なしていました」(154-
155) と。

マーシャルは，リカードウとその追随者たちの経済学
においては，暗黙のうちに人間性は不変的なものである
と想定されていたと理解した上で，人間性不変の想定を
厳しく批判した。リカードウ経済学においては，シティ
メンの行動様式がすべての人間のモデルとされていた点
が指摘されている。

マーシャルはいう。「このことは，彼らが貨幣と外国
貿易を問題としている限り，ほとんど弊害を生むことが
なかったのですが，様々な産業階級の関係の問題におい
ては，重大な弊害を生みました。それは，彼らを，労働
者の観点にみずからを置くことがなく，労働者の持って
いる人間的な感情に対して，彼らの本能と習慣，同情と
反感，階級的な警戒心と執着心に対して，また知識と，
自由で，活発な活動の機会を持たないことに対して，配
慮をすることなしに，労働を一種の商品として取り扱う
ように導きました。それゆえに彼らは，供給と需要の諸
力に対して，現実の生活に見られるよりもはるかに機械
的な，かつ規則的な作用を認め，利潤と賃金に関して，

彼ら自身の時代のイングランドにおいてさえ，現実には当てはまらない法則を主張しました」(155)と。

マーシャルは，リカードウ経済学は，シティメンの立場に立つものであり，労働者の観点にみずからを置くことがなく，したがって労働者の人間的な感情に対して，また労働者が自由な活動の機会を持てないことに対して，配慮をすることがなかったというのである。リカードウは，賃金と利潤の関係に関して，「賃金・利潤の相反関係」を提示した。しかしマーシャルによれば，それは現実には当てはまらない法則であった。

人間性は不変であるという暗黙の想定は，リカードウ経済学の特徴であった。リカードウとその追随者たちは，「労働者階級の状態の広範な改善の可能性に対して，現代の経済学者たちが持っている確信を持っていなかった」(155)。これに対して，マーシャルによれば，人間性は改善される可能性がある。人間性は教育によって改善可能であるというのがマーシャルの確信であった。

2．社会主義批判

マーシャルは，人間性不変という暗黙の想定を「経済学の現状」の1つとして指摘した。しかし，リカードウとその追随者たちが陥った最も致命的な誤謬は，「産業上の習慣と制度がいかに可変性を持つものであるかについて，考えなかったことである」(Marshall, 1885, 155)。

特に，労働者階級の貧困が，「彼らの貧困の原因である虚弱と非能率の原因であることを，見なかったことである」(155) というのである。

労働者階級の貧困問題を解決するためには，リカードゥ経済学では不十分である，というのがマーシャルの認識である。労働者階級が貧困の悪循環から脱却するためには，教育の充実という政府の役割が不可欠であるというのがマーシャルの考えであった。ところが，リカードゥとその追随者たちの経済学においては，産業上の習慣や制度は，暗黙のうちに不変的なものであると想定されていた。

マーシャルは，「人間性の完成の可能性が，オウエンやその他の初期の社会主義者たちによって主張されたこと」(155) を事実として認めた上で，「19世紀初頭のイギリスの経済学者の業績の狭隘さの悪しき結果の中で，おそらく最も不幸な結果は，それが社会主義者に対して，経済学上のドグマを引用し，それを誤用する機会を与えたことである」(156) として，社会主義への批判を明確にしている。

リカードゥとその追随者たちは，「彼らの主旨を明らかにすることをしませんでした」(156)。「彼らが構築しつつあったことは，普遍的な真理ではなく，ある種類の真理を発見することに普遍的に適用できる機関（オルガノン）であったことを，他の人々に明らかにすることを

しませんでした。彼ら自身そのことを明らかに認識してはいなかった」(156) とされている。

ここでマーシャルは，リカードウ経済学の「賃金・利潤の相反関係」が，1815 年穀物法を批判し，穀物の自由貿易を主張するための有効な理論的道具であったことは認めている。しかし，その後，社会主義者たちは，リカードウ経済学における人間性不変という暗黙の想定を配慮することなく，したがって，人間性に関する思索を深めることなく，リカードウの「賃金・利潤の相反関係」を誤用することになったというのである。

3. 貧困問題の解決

「経済学の現状」を締めくくるにあたり，マーシャルは，「経済学は人間の動機の科学である」(Marshall, 1885, 171) という論点を提示した。これまで，「物的な富は，大学人には，わずかな魅力しか持たなかった」(172) が，「このことは，重大な害悪をもたらす誤りである」(172)。労働者階級の貧困問題を解決しようとする暖かい心を持つことは，大学において経済学を学ぼうとする者にとって，重要な問題意識であるとされる。

マーシャルはいう。「何故に多くの者の生活が不潔と，汚濁と，悲惨につきまとわれているのでしょうか。何故に多くの者のやつれた顔と萎縮した精神が存在するのでしょうか。主な原因は，富が十分に存在しておらず，存

在する富が良好に分配されておらず，立派に用いられていないからであります。密集した住居によって引き起こされる身体の苦痛と不健康については，多くのことが語られておりますが，それらによって生ずる知的，道徳的な不健康は，それよりもさらに大きな邪悪であります。良好な居室と，良好な食事と，より少ない過労と，より多くの閑暇を持つようになれば，われわれの人民の多くの者が今日送らなければならない生活とは全く異なった，はるかに高級な，はるかに高貴な生活を送りうる力を持つようになるでしょう」(172) と。

　ここには，労働者階級の貧困問題の原因として，富の生産が不十分であること，富の分配の改善が不十分であること，富の活用が不十分であることが指摘されている。密集した住居という悪条件は，身体の苦痛と不健康を引き起こすばかりでなく，知的，道徳的な不健康というより大きな邪悪を引き起こすものである。良好な住環境と食事，労働時間の短縮により閑暇が生じるようになることは，質の高い生活をするための条件であるとされている。

　マーシャルはいう。「大学人が，彼らの生きている時代の問題を明晰に考えることを学び，研究するならば，彼らの人間的な影響によって結集できる力を考えてほしいと思います」(172) と。またマーシャルは，重ねて社会主義を批判して次のようにいう。「何人も，物的手段

の欠乏によって，人間に値する生活を送る機会から締め出されるべきではないと，声高く叫ぶことを，性急な社会主義者と無知な雄弁家に委ねておかなければならないのでしょうか。この問題の議論に全身全霊を投入する人々のうち，大半の者は，彼らが救済しようと願う邪悪をしばしば増大させるような，性急に考えついた計画を持ち出します。その理由は，彼らは，困難で，複雑な問題を考え抜く訓練を持っていないことであります」(172) と。

　このように，マーシャルは，ケンブリッジ大学の教授就任講義において，大学教育における経済学教育の重要性を強調した。彼は，経済学を研究しようとする者に対して，労働者階級の貧困問題を解決するという暖かい心を持つことを求めた。経済学とは，マーシャルにおいて，何よりも実践的な学問であると位置づけられていた。

　しかし，ヘンリー・ジョージのような平等主義・社会主義によっては，労働者階級の貧困問題を解決することはできない。分配の改善によって，貧困問題が解決するように見えても，それは短期的にすぎない。長期的には，分配の改善だけでは，貧困問題はかえって悪化する。貧困問題を，長期的に解決するためには，冷静な頭脳を持って経済学を鍛え直す必要がある。マーシャルは「経済学の現状」を次のような言葉でむすぶ。

　「私が最も深く心に期しておりますことは，またそのために最も大きな努力を払いたいと思っておりますこと

は，冷静な頭脳と暖かい心（cool heads but warm hearts）を持って，優れた人々の母でありますケンブリッジで学ぶ人々の間から，ますます多くの人々が，私たちの周りの社会的な苦難を打開するために，私たちが持っている最良の力の少なくとも一部を喜んで提供し，さらにまた，洗練された高貴な生活に必要な物的手段をすべての人が利用できるようにすることがどこまで可能であるかを見出すために，私たちに出来ますことをなし終えるまでは安んずることをしないと決意して，学窓を出て行きますように，私の才能は貧しく，力も限られておりますが，私にできる限りのことをしたいという願いに他なりません」（174）と。

　マーシャルにおいて，経済学とは実践的な学問であった。経済学を学ぶ者には，暖かい心と冷静な頭脳の両方が求められる。平等主義者や社会主義者は，しばしば性急に分配の改善を要求する。しかし，分配の改善だけでは，貧困問題を長期的に解決することはできない。複雑な経済問題を深く考え抜く訓練を持たない者は，思い付きの計画を持ち出したりするものである。マーシャル経済学の中心課題は，富の分配でも富の消費でもなく，富の生産であった。大学において経済学を学んだ者は，各自の仕事を通して，社会に貢献してほしいというのが，マーシャルの願ったことである。「冷静な頭脳と暖かい心」というケンブリッジ学派の精神は，ピグーとケイン

ズに継承された。

Ⅳ　有機的成長論

　マーシャルの経済思想を端的に表現する言葉は，有機
的成長である。有機的成長のヴィジョンとはどのような
ものであったのであろうか。以下，マーシャルの『原理』
における産業組織の改善，人口制限の効果，「人間性可
変の想定」，生活基準の向上について順次考察し，有機
的成長の基本図式を明らかにする。

1．産業組織の改善

　マーシャルの『原理』における政策的課題は，①労働
者階級の貧困問題と，②世界経済における「産業上の主
導権」問題という2つであった。労働者階級の貧困問題
と世界経済における「産業上の主導権」問題とを同時に
解決するためには，産業組織の改善を伴った漸進的な経
済進歩が必要である，というのがマーシャルの基本的な
考え方である。経済進歩とは産業組織の改善による国民
所得（国民分配分）の増大のことであり，産業組織の改
善とは分業の発展，機械の進歩，産業の地域特化，企業
経営の改善，大規模生産のことである。労働生産性の向
上をもたらすような機械の改良は，産業組織の改善を代
表するものである。

リカードウは，収穫逓減の法則を仮定した上で，「賃金・利潤の相反関係」論を提示した。リカードウの見解では，賃金の上昇 → 利潤の低下，となる。これに対して，マーシャルは，産業組織の改善という新しい理論を導入することにより，長期的には，高賃金と高利潤とが両立可能であるという，階級調和的な経済社会像を提示した。

ミルは，原理としてはリカードウの賃金・利潤の相反関係論を継承したが，政策としては，富の生産・分配峻別論に基づいて，公平の観点から，分配改善の必要性を強調した。これに対してマーシャルは，人類の福祉のためには富の生産が必要であるという見解を提示した。マーシャルによれば，生産の主体は，労働者と企業家である。マーシャルは，第4の生産要素として組織をあげ，資本家と企業家とを区別した。問題は，いかにして活力ある労働者を形成するか，いかにして産業組織の改善を遂行する企業家を育成するかである。かくして，マーシャルは，経済学を次のように定義したのである。「経済学は一面において富の研究であると同時に，より重要な側面として，人間研究の一部である」（Marshall, 1920, 1）と。経済学の中心課題は，富の分配でもなければ（ミル批判），富の消費でもなく（ジェヴォンズ批判），富の生産であるとされた。

富の生産を重要視した点において，マーシャルの有機

的成長の思想は，スミスの思想と共通するものであった。
マーシャルの経済学体系は，思想的にはスミスとの共通
性を保持しつつも，理論的には限界分析という新しい分
析方法で理論装備したものであった。

2．人口制限の効果

人口制限をめぐるミルとマーシャルとの見解は対照的
である。ミルは，「高賃金は人口の制限を前提にする」
と考えた。マーシャルは，ミルの考え方を批判して，次
のようにいう。「生産量を制限するための反社会的な策
謀によって賃金を引き上げようとする試みは，富裕階級
一般を，そして特に企業心に富み，困難を克服すること
を喜ぶ精神によって，労働者階級にとっても最も重要で
あるような種類の資本家を，海外に追いやることは確か
である。なぜなら，彼らのやむことを知らない創意心は，
国民の指導的地位の確立に役立ち，人々の労働の実質賃
金を高めることを可能にし，他方において，機械の供給
の増大を促進し，それによって能率の向上に役立ち，国
民分配分の成長を持続させるからである」（Marshall,
1920, 699-700）と。

マーシャルによれば，人口制限を実施した場合に高賃
金がもたらされるとしても，それは即時的効果にすぎな
い。人口制限を実施すれば，企業家精神を持った企業家
の海外流出が生じるであろう。したがって，人口制限の

第6章　マーシャルの経済思想　147

永続的効果は，高賃金ではなくて低賃金である。人口制限の永続的効果に関するマーシャルの見解を図式化して示せば次のようになる。

人口制限 → 革新的企業家の海外流出 → 国民所得の減少 → 低賃金。
人口制限 → 企業家精神の衰退 →「産業上の主導権」の喪失。

　人口制限に関するマーシャルの考えは，次のようなものであった。人口制限によって高賃金を実現しようとするミルの政策は，「産業上の主導権」の喪失をもたらす。「産業上の主導権」を失わずに，労働者階級の高賃金をもたらすにはどうすればよいか。必要なことは，人口制限ではなくて，産業組織の改善である。高賃金は経済的進歩の結果である。企業家は，高賃金問題に対して，人口制限というミル的な方法で対処してはならない。それは「産業上の主導権」喪失への道である。企業家は，高賃金を悠々とカバーしうるような産業組織の改善に努力すべきである。経済的進歩の過程においてこそ人間的進歩の可能性がある。結果的に，人口減少社会へと移行する可能性はある。しかし，人為的な政策として人口を制限しようとすると，意図した結果は得られない。人口制限政策は有機的成長の阻止要因である，というのがマーシャルの考え方であった。

3. 人間性可変の想定

人間性について，マーシャルは次のようにいう。人間性は徐々にではあるが改善可能なものである（Marshall, 1920, 720）と。これがマーシャルにおける「人間性可変の想定」である。土地の私有財産制度というような社会の根幹に関係する制度の変更は，人間性の変化に応じて漸進的に実施される必要がある。マーシャルは，人間性が変更されるまでは，急激な制度の変更は避けるべきであると考えていた。ここに，マーシャルの漸進主義という性格を指摘することができるであろう。

マーシャルは有機的成長の条件として，労働者と企業家に対して，2つの倫理的要素を求めた。①将来世代のための「自己犠牲」の精神（243）と，②困難を克服しようとする「堅固な意志」（730）である。人間進歩とは，他者への配慮と自尊心とをより多く持つようになることである（248）。

マーシャルは，人間教育，とりわけ労働者階級の子弟の教育を重要視した。富の生産の主体は労働者だからである。政府は公共の資金を教育のために積極的に投入すべきである（718）。労働者の親たちが，経済的進歩の結果である高賃金を浪費せずに節約して，それを子弟の教育費として活用するようになれば，「将来をはっきりと思い浮べる力」（562），すなわち先見性を身に付けた将来世代の労働者が形成される。「高賃金の使い方」が問

題である。労働者階級の親たちが高賃金の活用の仕方を学ぶようになれば，知性と活力と自尊心の向上，すなわち生活基準の向上がもたらされる（689）。富の生産は人類の福祉の物質的条件であるが，「高賃金の使い方」は将来世代の人間的成長に決定的な影響を及ぼすのである。

マーシャルはいう。効率のために必要なものは，希望と自由と変化である（691）と。「精神と身体が共に相当に健全な状態にある人々にとっては，経済的自由の体制は，道徳的な観点から見ても，物質的な観点から見てもおそらくは最良の体制であろう」（714）と。経済的自由の体制は，心身の健康な人々にとって最良の体制であるとされたのである。

4．生活基準の向上

マーシャルは，新しい活動や，骨の折れる仕事，美の増大の重要性を指摘した。彼はいう。「経済的進歩の要諦は，新たな欲望の発展ではなく，新たな活動の発展にある」（Marshall, 1920, 689）と。また，「人間はなすべき骨の折れる仕事を持たず，克服すべき困難を持つのでなければ急激に退化する」（136）と。彼は，新たな欲望の発展ではなく，新たな活動の発展の重要性を強調した。また，生活必需品を獲得した後に所有する財については，「数や壮大さよりは美の増大を求めるべきである」（137）と考えていたのである。

マーシャルによれば，富を「見せびらかしの手段」として用いることは，「富の誤用」である (136)。歴史上の文明国における富裕階級の破滅の主な源泉は，見せびらかしの手段として富を使用することに対する不健全な願望の増大であった。富の誤用がない限り，漸進的な経済的進歩の中でこそ人間的進歩は可能である。高賃金は経済的進歩の成果であるが，その高賃金を知性と活力と自尊心の向上という「生活基準の向上」に結びつけるためには，労働者は「高賃金の使い方」について学ぶ必要がある。マーシャルの経済思想において，人間教育，特に労働者階級の子弟の教育は，決定的に重要であるとされた。

マーシャルによれば，経済社会が有機的成長を持続させる条件は，将来世代への「自己犠牲」の精神と，困難克服への「堅固な意志」とを兼備した人間形成にある。経済的進歩と人間的進歩との関係は，相互依存的であり，有機的である。マーシャルの有機的成長の基本図式は，次のようになる。

競争 → 産業組織の改善 → 国民所得の増大 →
高賃金・高利潤 → 生活基準の向上 →
人間的進歩 → 経済的進歩

Ⅴ　むすび―経済学の重要性―

　マーシャルは『原理』において，経済学とは富の研究であると同時に人間研究の一部であると定義した。人間の性格は環境によって形成されるのであり，生活環境を改善することによって，人間性は改善可能であるとされた。経済学を学ぶ意味は，①知識の獲得，②実際問題に対して光を投じること，③「冷静な頭脳と暖かい心」とを兼ね備えた人間形成，という３つである。

　マーシャルの経済思想の現代的意義について考察して，むすびとしたい。大学において経済学を学ぶ意味は，友人や教師との討論を通して，柔軟で強固な人間へと自分自身を鍛え上げる機会を得るという点にある。人生における一時期に，複雑な経済問題について考えるという知的訓練の機会を持つことにより，冷静な頭脳と，自前の概念装置を自分のものとすることができるはずである。

　マーシャルにおける政策的課題は，次の２つであった。第１は，労働者階級の貧困問題を解決すること，第２は，世界経済における「産業上の主導権」をいかにして確保するかという問題である。実際的な行動のための指針を得るためには，経済学の知識を獲得し，部分均衡分析という方法を活用することが有用であるとされた。ケネーから，スミス，マルサス，リカードウ，ミルを経て，マー

シャル，ケインズ，シュンペーターまで，経済思想の歴史上の経済学者たちは，それぞれの時代において実際の経済問題に対して光を投じるという明確な問題意識を持っていた。マーシャルはそれを「暖かい心」と表現した。

　しかし，「暖かい心」だけで経済問題を解決することはできない。経済問題を解決するためには，その歴史的背景を理解し，理論的に分析し，未来の政策を創造する構想力が必要である。歴史上の経済学者たちは，それぞれの時代において，支配的な理論を批判して，それに代わる新しい理論を創造してきた。マーシャルはそれを「冷静な頭脳」と表現した。

　マーシャル経済学の中心課題は，富の分配でも富の消費でもなく，富の生産であった。人類の福祉の物質的条件は，富の生産であるが，富とはすべての望ましいものであり，生産とは新しい効用の創造であった。富を生産する主体は，①活力ある労働者と，②産業組織の改善を行う企業家である。経済社会が有機的成長を持続する条件は，①将来世代のための自己犠牲の精神と，②困難を克服しようとする堅固な意志である。この意味において，経済学とは富の研究であると同時に人間研究の一部なのであった。

　マーシャルは「人間性可変の想定」にもとづいて，大学教育における経済学の重要性を強調した。労働者階級の人々が経済進歩の成果としての高賃金を浪費せずに子

弟の教育費に活用するようになれば，次世代の労働者の
「生活基準の向上」が実現する。「生活基準の向上」とは，
知性と活力と自尊心の増大のことである。マーシャルの
経済思想において，経済進歩と「生活基準の向上」とは
相互依存的な関係にあり，経済社会が有機的成長を持続
するための鍵は人間教育にあった。マーシャルは，経済
進歩の成果としての高賃金と「生活基準の向上」との関
係を明らかにして，大学教育における経済学の重要性を
明確に主張した。

［参考文献］

George, H. 1879. *Progress and Poverty*. 山嵜義三郎訳『進歩と貧
困』日本経済評論社，1991 年。

Jevons, W. S. 1871. *The Theory of Political Economy*. 小泉信三・
寺尾琢磨・永田 清訳，寺尾琢磨改訳『経済学の理論』日本経済
評論社，1981 年。

Marshall, A. 1885. "Present Position of Economics", in Pigou,
A. C. ed. *Memorials of Alfred Marshall*. Macmillan, 1925.
長澤越郎訳『マーシャル経済論文集』岩波ブックセンター，1991
年。

Marshall, A. 1920. *Principles of Economics*, (1st ed., 1890), 8th
ed, Macmillan. 永澤越郎訳『経済学原理』全四巻，岩波ブック
センター信山社，1985 年。

Mill, J. S. 1848 (1965) *Principles of Political Economy with some
of their Applications to Social Philosophy*, (1st ed., 1848, 7th

ed., 1871), *Collected Works of John Stuart Mill*, Toronto, vol. Ⅱ・Ⅲ. 末永茂喜訳『経済学原理』（一）〜（五），岩波文庫，1959-1963 年。

マーシャル, A. 2014.『クールヘッド＆ウォームハート』伊藤宣広訳，ミネルヴァ書房。

井上琢智・坂口正志編. 1993.『マーシャルと同時代の経済学』ミネルヴァ書房。

岩下伸朗. 2008.『マーシャル経済学研究』ナカニシヤ出版。

大森郁夫編. 2005.『経済学の古典的世界 2』日本経済評論社。

近藤真司. 1997.『マーシャルの「生活基準」の経済学』大阪府立大学経済研究叢書 85。

高哲男編. 2002.『自由と秩序の経済思想史』名古屋大学出版会。

田中眞晴編. 1997.『自由主義経済思想の比較研究』名古屋大学出版会。

永澤越郎. 1988.『マーシャル経済学ノート』岩波ブックサービスセンター。

永澤越郎. 1993.『続マーシャル経済学ノート』同上。

永澤越郎. 1994.『続マーシャル経済学ノート増補』同上。

西岡幹雄. 1997.『マーシャル研究』晃洋書房。

西岡幹雄・近藤真司. 2002.『ヴィクトリア時代の経済像』萌書房。

西沢 保. 2007.『マーシャルと歴史学派の経済思想』岩波書店。

橋本昭一編. 1989.『近代経済学の形成と展開』昭和堂。

橋本昭一編. 1990.『マーシャル経済学』ミネルヴァ書房。

第7章
ケインズの経済思想

I　はじめに

　本章はジョン・メイナード・ケインズ（John Maynard Keynes, 1883-1946）の経済思想の特質と現代的意義およびケインズ政策の限界を取り扱う。本章は次のように構成される。IIではケインズの生涯と著作について概観し，彼の経済思想の形成過程を考察する。IIIでは有効需要の原理の基本構成を論じる。ケインズの経済思想の特質は，貯蓄は必ずしも美徳とは限らない，という考え方の中に見出すことができる。IVでは政府の役割を取り上げる。ケインズ政策とは有効需要政策と再分配政策との2つである。彼の再分配政策は，貯蓄は必ずしも美徳とは限らないという，彼の経済思想の具体的表現であった。経済思想史におけるケインズ革命とは何であったかについて考える。Vでは古典派の功利主義思想とケインズの混合経済思想とを比較する。ケインズの経済思想の現代的意義は，「国内政策による完全雇用」というヴィジョンに

基づく混合経済体制の志向と平和主義の中に見出すことができる。Ⅵでは更新性資源への視点欠落という点は，ケインズ政策の限界であったということを明らかにする。

Ⅱ　ケインズの生涯と著作

1．ムア倫理学の影響

J. M. ケインズは，1883 年イギリスのケンブリッジで生まれ，1946 年サセックス州ティルトンの別荘にて心臓発作のため 62 歳で亡くなった。1902 年ケンブリッジ大学のキングズ・カレッジに入学し，秘密の学生団体ソサエティー（使徒会）に加入する。若き日のケインズは，G. E. ムア（1873-1958）の『倫理学原理』（1903 年）から決定的な影響を受ける。

まずムアは，善を快楽という自然的性質の所有で捉える立場を自然主義的と呼び，功利主義を批判した（ムア，2010，152）。ムアは，「善は定義不可能である」（同，123）とし，第 3 章「快楽主義」で J. S. ミルの功利主義を批判した。「快楽主義は，快楽のみが唯一の善であって，快楽の意識はそうではないと主張する限り，それが誤りであることは明らかである」（同，212）と。次にムアは，それ自体に価値があるのは意識の状態だけであると主張した。人格間の愛情と芸術鑑賞はそれ自体において善いとされた。「人が公的もしくは私的義務を遂行すること

が正しいとされうるのは，ただ人格間の愛情と美の享受のため——いつかそれらができるだけ多く存在するようになるため——だけである」（同，329）と。またムアは，正しい行為とは，善である行為ではなく，善に導く行為であるとした。行為の評価基準をそれ自体のうちにではなく，その帰結に求める考え方を帰結主義という。さらにムアは，「全体の価値は，その部分の価値の総計と同じであると考えられてはならない」（同，136）として，それぞれの部分の価値を合計しても全体の価値になるわけではないという，有機的統一の考え方を提示した。有機的統一の原理とは，「ある1つの全体の内在的価値はその部分の価値の総量と等しくもなければ，それに比例するのでもない」（同，324）というものであった（福岡，1997，32）。

　後にケインズは『一般理論』（1936年）で，非自発的失業という日常的な状況をありのままに観察することにより，完全雇用均衡という古典派理論の前提条件を批判した。日常的な経験に立ち戻って支配的理論の前提条件を批判するという，ケインズの方法論的視点の中に，功利主義を批判したムア倫理学の影響を指摘することができる（和田，2010，220）。

2．ケンブリッジのフェロー

1906年，ケインズは公務員試験を受けてインド省に勤務する。1908年，「確率論」に関するフェロー資格論文をキングズ・カレッジに提出し不合格となる。1909年，彼は決して諦めず，論文に手を加えて再提出し，フェロー（研究員）となる。彼は生涯フェローのままであった。ケインズは1915年から1919年まで，大蔵省にて政策アドバイザーの仕事を兼任した。1940年には政策アドバイザーとして大蔵省に戻り，亡くなるまでその仕事をした（ピーデン，1996，109）。ハイエク（F. A. Hayek, 1899-1992）は，ケインズという人物は，知識や芸術における多くの分野での偉大な愛好家であり，政策立案者であったとしている。「ケインズが＜教授＞と呼ばれるのを嫌悪したことは，おそらく重要である。彼は決してこの肩書を貰わなかった。彼は第一義的には学者ではなかった」（ハイエク，2012，200）。ハイエクは，ケインズについて，「19世紀史の知識や，その時期の経済学文献にかんする知識でさえ，いささか貧弱であった」（同，197）と評している。

3．第一次世界大戦

1914年に帝国主義諸国家間の争いとして始まった第一次大戦は，交戦国が国の総力をあげて戦う総力戦となり，1918年11月に終結した。イギリスは戦勝国となっ

第 7 章　ケインズの経済思想　159

たものの，人的物的な損失は莫大なものであった。戦争
終結の 1 ヶ月後，1918 年 12 月 14 日に総選挙が行われ，
ロイド・ジョージと連立内閣支持者，とりわけ保守党候
補者が大勝した（村岡・木畑，1991，282）。

4．パリ平和会議

　1919 年 1 月 18 日，パリのヴェルサイユで平和会議が
開催された。ケインズはイギリス大蔵省首席代表として
1 月にパリ入りしたが，最終決定権は蔵相ブラッドベリー
にあった。当初，ケインズは賠償問題には関与しなかっ
た。ケインズの任務は，平和な体制への移行時における
金融上の問題を処理することであった（スキデルスキー，
1992，584）。賠償委員会におけるイギリス代表は，カン
リフ，ヒューズ，サムナーであった。賠償委員会の仕事
は，遅々として進展しなかった。戦勝国イギリスとフラ
ンスは，敗戦国ドイツに対して戦争の費用の全額を請求
することを求め，莫大な賠償額を主張した。アメリカは
これに抵抗した。その結果，委員会は暗礁に乗り上げた。
大蔵省はカンリフ，ヒューズ，サムナーの辞任と，賠償
交渉の再考を提案した（玉井，1999，89）。

　イギリスは賠償交渉の戦術を変更した。閣議では，ド
イツの支払い能力に相当する賠償額を要求すべきこと，
アメリカと協力して行動することが確認された。1919
年 3 月 14 日，アメリカ財務省の上級代表のノーマン・

160

デーヴィスによって，30年間にわたって1,200億マルクまたは60億ポンドの賠償額が勧告された。しかし，これの連合国間の配分割合については合意が得られなかった。ケインズは，賠償金のイギリスの受取分の問題についても関与することとなり，仏56対英28を提案した。1919年12月に成立した配分に関する仏英協定では，55対25で決着し，1920年にはこの比率は52対22に変更された（同，90）。ケインズは，3月11日の覚書「賠償および補償」において，明確な賠償額の確定は延期し，ドイツの支払能力に応じてドイツの負担分を変更できるような永続的な委員会により，現実の支払いを決めるという提案をしている（同，91）。

5.「ヨーロッパ復興のための大計画」

ケインズは，連合国間の債務を帳消しにするという提案も行った。ケインズは，「ヨーロッパ復興のための大計画」という文章を書いて関係者に配付した。この中でケインズは，連合国政府が相互間に生じた債務を最終的に抹消するために，ドイツ賠償債券の発行を受け入れるという形の計画を提案した。これは一石数鳥を狙ったものである。すなわち，①戦争によって生じた連合国間の債務は縮小される。②ドイツの債務はドイツの国際収支に直接影響を与えることなく移転することが可能となる。③ヨーロッパの信用が回復される。④アメリカは自国の

第 7 章　ケインズの経済思想　161

輸出品に対する需要を確保できる。⑤同盟国の国々も自国民を養う資金を得ることができる。⑥戦争によって生じた債務の重圧を大幅に縮小するという長期の目的にもかなう（スキデルスキー，1992，600-601）。ケインズはこの提案が「ボルシェヴィズムの脅威から守る，他の何にも増して力強い武器となるだろう」と書いている。ロイド・ジョージは，ケインズの文章を，ウィルソン，クレマンソー，オルランドに示した。しかし，「ヨーロッパ復興のための大計画」に対するアメリカ側の反応は冷淡なものであった。5 月，ウィルソン大統領は，ロイド・ジョージ宛の書簡において，ケインズ計画を拒否した。ケインズは，この時の心境を，親友のダンカン・グラント宛の 1919 年 5 月 14 日付の手紙の中に書き残している。「一番くやしい失望は，すべての人々を自立させるための私の大計画がつぶれてしまったことだ。…ウィルソンは地球上で最大の詐欺師だ」（同，604）。賠償問題に固執するロイド・ジョージと，他の問題に関心を抱くウィルソン大統領との妥協は成立せず，1919 年 6 月 28 日，対独平和条約であるヴェルサイユ条約は調印された。ドイツの賠償額が条約中に記入されることはなかった。

6．『平和の経済的帰結』

　1919 年 6 月，ケインズは大蔵省を辞任してイギリスに帰国し，12 月に『平和の経済的帰結』（*JMK.* 2）を出

版した。この本は，アメリカのウィルソン大統領，フランスのクレマンソー首相，イギリスのロイド・ジョージ首相，イタリアのオルランド首相という4巨頭会議の様子を，風刺的な人物描写で的確に伝えることにより，ベストセラーとなった。オルランドはフランス語しか知らない，ロイド・ジョージとウィルソンは英語しか知らない，クレマンソーだけが英仏両国語を話して理解した，という具合である。人物描写も精彩にとんでいた。ウィルソン大統領については，次のようにいう。「彼は，人生の大半を大学で過ごしてきた人だった。彼は，およそ実業家でもなければ政党政治家でもなく，気力と個性と社会的地位を具えた人，というにすぎなかった」(*JMK.* 2, 26.『ケインズ全集』邦訳には原典のページ数も併記されている。著作集 *JMK* からの引用は，原典のページ数による)。「第一級の政治家でありながら，会議室での機敏さの点で大統領ほど無能だった者は，これまでほとんどいなかったに違いない」(同，27) と。

『平和の経済的帰結』第6章「条約後のヨーロッパ」におけるケインズの構想は，今や食料の輸入国となった工業国ドイツへ食料を供給して，貿易関係を回復するというものであった。ドイツの賠償額に関して，イギリス大蔵省におけるケインズの見積もりでは，「ドイツの支払能力については，楽観的にみて30億ポンド，控えめにみて20億ポンドとされていた」(早坂，1978，21)。結

局，ドイツに課せられた賠償額は，1921年4月の賠償委員会で，1,320億マルク（66億ポンド，330億ドル）と決定された。30年間，毎年20億マルクずつ支払うことが決定された。主な支払相手国はフランスとイギリスであった。賠償額は徐々に削減され，1931年6月のフーバー・モラトリアムにより，1932年7月のローザンヌ会議後，支払不能が宣言された（玉井，1999，155）。

7.「カルタゴの平和」

ケインズは『平和の経済的帰結』において，「カルタゴの平和」を批判した。ローマとカルタゴのポエニ戦争で，勝者ローマは敗者カルタゴに，①領土の割譲と，②巨額な賠償金を課し，カルタゴを滅ぼした。「本書における私（ケインズ）の目的は，カルタゴの平和は，実際上の観点からみても，正しくもなければ，可能でもない，ということを示すことにある」（*JMK*. 2, 23）というのである。ケインズの基本的考え方は，敗戦国ドイツを過酷な賠償金によって経済的に破滅させればヨーロッパ全体が破綻する，という点にある。

8.『確率論』

1921年，ケインズは『確率論』を出版して，国民相互生命保険会社の会長となる。1923年，プロヴィンシャル保険会社の取締役となり，生涯，同社の投資政策を

指導した。1924年，ケンブリッジのキングズ・カレッジの正会計官となる。

9．『貨幣改革論』

1923年，ケインズは『貨幣改革論』（*JMK*. 4）を出版して，その第1章で，投資家階級，企業家階級，労働者階級という3階級社会を提示した。彼は，投資家階級を非活動階級と呼び，企業家階級と労働者階級とを活動階級と呼んでいる。

10．リディア・ロポコヴァとの結婚

1925年，ケインズは，ロシアのバレリーナである，リディア・ロポコヴァと結婚する。ケインズという人物は，バレリーナを妻とした芸術愛好家であり，投機家として自分の才覚で財を成した実業家であった。二人の幸せな結婚生活は，ケインズの死の時まで続いた。「ケインズは，長いあいだ生活を共にした後でも，変わることなくリディアを愛し続けた」（中矢，2008，61）。アルフレッド・マーシャル夫人は，ケインズの結婚について，「メイナードさんのなさったことのうちで最もいいこと」と語った（同，81）。

11．「自由放任の終焉」

1926年，ケインズは「自由放任の終焉」（『説得論集』

JMK. 9) を発表した。彼によれば，資本主義の特徴は，金儲けの動機と私有財産制度の 2 つである（*JMK*. 9, 293）。金儲けの動機ないし貨幣愛が経済機構の推進力となっているという点に，資本主義の本質的特徴があるとされている。「自由放任の終焉」では，失業や分配の不平等をもたらす要因として，危険と不確実性と無知が重視されている（*JMK*. 9, 291）。「自由放任の終焉」においてケインズは，経済学者の主要な課題は，政府のアジェンダとノン・アジェンダとを区別し直すことであるとした（*JMK*. 9, 288）。

12. 『貨幣論』

1930 年，ケインズは『貨幣論』を出版した。『貨幣論』でのケインズの最大の狙いは，貨幣数量説に代わる新しい物価水準決定理論の提示にあった（浅野，2005, 122）。物価水準とその変動を決定するのは，貯蓄と投資との関係の形をとって現れる産出物供給量とその需要量との関係であって，貨幣数量説のいう産出物供給量と貨幣量との関係ではないことが強調された（同，125）。ケインズは，物価水準が貨幣供給量に比例して動くという貨幣数量説を批判し，物価水準は財に対する需給関係で動くという考え方を打ち出した（浅野，1990, 110）。しかし，『貨幣論』では，物価水準の決定と産出量水準の決定をそれぞれ別個の領域に属する問題として扱うとともに，

物価水準が産出量水準を決定すると考えられていた（同,
131）。カーンをはじめとするケンブリッジ大学の若手経
済学者たちのグループ「サーカス」は、『貨幣論』を批
判した。『貨幣論』の物価論が財の供給を一定と仮定し
て展開されているという、理論的欠陥を指摘した。財の
供給を一定と想定した上で、物価水準の動きを需要の動
きにかかわらせて説明しているが、これでは財の供給の
動きに伴って生ずる失業の問題を説明できない（同,
112），とされた。カーンの理論構想は、「国内投資の失
業に対する関係」として『エコノミック・ジャーナル』
誌（1931年6月号）に発表された。カーンは、『貨幣論』
と異なり、物価水準と産出量および雇用量水準は産出物
供給曲線を媒介にして一義的な関係にあり、技術水準一
定という短期の条件の下で産出物供給曲線を所与と仮定
するならば、物価水準と産出量および雇用量水準は、と
もに、産出物需要量によって同時に一義的に決定される
と考え、初期投資のもつ雇用の累積的拡大効果を論じる、
という手法を採用した（同, 132）。ケインズはカーンら
の批判を謙虚に受け入れて、新しい理論を構築するため
に、再び、知的努力を再開する。

13. 『雇用・利子および貨幣の一般理論』

1936年、ケインズは『雇用・利子および貨幣の一般
理論』（JMK. 7. GTと記す）を出版し、有効需要の原理

を提示した。有効需要の原理は，消費性向，資本の限界効率，流動性選好という3つのキー・ワードを駆使し，期待の役割を重視した雇用量決定の理論である。ケインズは『一般理論』において，利子生活者，企業者，労働者という3階級で構成される資本主義社会を想定した。ケインズは，当時のイギリスにおける株式会社の発達に伴う「所有と経営の分離」という現象を踏まえて，資産階級を利子生活者と企業者という，利害を異にするグループに2分した。ケインズが『一般理論』で想定した経済は，貨幣が動機や決意に影響を与える点を重視する経済，すなわち貨幣経済であった。ケインズは，貨幣経済における不確実性や生産には時間がかかるという事実を重視した。彼は，「供給はそれ自らの需要を創造する」という「古典派」経済学の「セイの法則」を打ち倒すために，利子生活者の投機的貨幣需要の役割を重視した。

14. ケンブリッジ芸術劇場の建設

1936年，ケインズは，大学や町の人々を楽しませることを目的としたケンブリッジ芸術劇場の建設に成功する（中矢，2008，104）。1939年，第二次世界大戦が勃発する。ケインズは，大戦中の1942年，音楽芸術奨励協議会（CEMA）の会長に就任する（同，115）。彼は，大戦中にイギリス各地で演劇やバレー観賞の機会を多くの人々に与えようとした。ケインズは，戦争という逆境の

中でも，芸術家への援助を惜しまず，多くの観客に芸術鑑賞の喜びを与えようと努力し，献身的に活動した。

15. 戦後国際経済の再建

1943年，ケインズは，戦後国際金融通貨体制について協議するために渡米する。ケインズの清算同盟案とホワイトの安定基金案が衝突した。ケインズ案は，債務国に対してのみならず，債権国アメリカに対しても，国際収支の不均衡を是正する責任を分担させようとした。ホワイト案は，各国が割当額に応じて払い込む出資金（金および自国通貨）を基金として，これを加盟各国に貸し付ける，という方式であった。ケインズは，創業資金を必要としない，バンコールと呼ばれる国際的銀行通貨による信用創造を考えていた（浅野，1990，185）。ホワイト案は，生産力の絶対的優位を確信するアメリカの立場を反映していた。ケインズは，バンコール構想を断念せざるをえなかった。

しかし，ケインズという人は，困難に直面しても，決して諦めない人であった。彼は，時間をかけて，工夫を加えて，何度でもチャレンジする人であった。1944年，ブレトンウッズ会議にイギリス主席代表として出席するため渡米する。1945年，戦後金融借款交渉のため渡米する。1946年3月，サヴァナでの国際通貨基金（IMF），国際復興開発銀行（IBRD，いわゆる世界銀行）の設立総

会出席のため渡米する。1946年4月，ティルトンの別荘にて急逝した。

Ⅲ　有効需要の原理

Ⅲでは，ケインズの経済思想の特質を明らかにするために，有効需要の原理の基本構成を扱う。ケインズは，マーシャルを含めて，セイ法則を前提する経済学者を古典派と呼んで批判した。

1．非自発的失業

ケインズは『一般理論』第3章「有効需要の原理」において，有効需要が雇用量を決定するという，有効需要の原理を提示した。潜在的には豊かな社会であっても，投資誘因が弱いという理由だけで，現実の産出量は低水準のままで均衡する。潜在的な富は大きいのに，社会には失業と貧困が存在する。自由放任の資本主義では，「豊富の中の貧困」というパラドックスが生じるというのである（GT, 30-31.『ケインズ全集』邦訳には原典のページ数も併記されている。GT からの引用は，原典のページ数を記す）。社会は豊かになればなるほど，平均消費性向が逓減し，限界消費性向も逓減する。そのため，完全雇用を達成するために必要な投資量は次第に大きくなる。一方，豊かな社会では，資本蓄積の進行により，資本の限

界効率は低下する。利子率が十分に低下しない限り，投資は増加しない。ところが，自由放任の資本主義においては，利子生活者の投機的貨幣需要のために，利子率は十分に低下することはない。現実の生産量は完全雇用よりも低い水準で均衡する。

『一般理論』における理論的課題は，非自発的失業が発生するメカニズムを解明することであった。有効需要の原理は，非自発的失業の存在を説明するために提示されたものである。ケインズ経済学においては，理論と政策とは密接に関係している。いやむしろ，ケインズ政策の提示が先行し，『一般理論』における有効需要の原理は，ケインズ政策の理論的基礎として提示された，ということができる。ケインズ政策の特質は，管理通貨制度による伸縮的貨幣政策という点にある。ケインズの伸縮的貨幣政策の基本図式は，貨幣供給量の増大 → 利子率の低下 → 投資の増大 → 有効需要の増大 → 雇用の増大，である。『一般理論』では，利子生活者，企業者，労働者という3階級社会が想定されている。ケインズは，政府や外国貿易の役割を捨象することにより，投資の不足が非自発的失業の主たる原因である，という見解を提示した。

ケインズは『一般理論』第1章において，セイ法則を前提する経済学者を古典派と呼んで批判した。ケインズによれば，J. S. ミルやマーシャルおよびピグーを含め

たリカードウの追随者たち（*GT*, 3）は，「供給はそれみ
ずからの需要を創造する」（*GT*, 18）というセイ法則を
前提する経済学者であった。ケインズは『一般理論』第
2章「古典派経済学の公準」において，古典派雇用理論
を批判した。古典派の雇用理論によれば，雇用量は長期
的には価格機構の自動調整作用が働くため，実質賃金率
の上がり下がりを通じて，完全雇用の水準に決定される。
セイ法則が成立する2つの条件は，①労働の需要と供給
をすみやかに一致させる賃金率の伸縮性と，②貯蓄と投
資をすみやかに一致させる利子率の伸縮性である。ケイ
ンズは，1930年代の大不況における膨大な失業者の存
在という現実を前にして，古典派のセイ法則を批判し，
それに代替する雇用量決定の理論として有効需要の原理
を提示した。その政策的含意は，有効需要の不足を主た
る原因とする非自発的失業が存在する場合には，有効需
要政策を積極的に実施すべきであるということである。

2．消費性向

『一般理論』第8章「消費性向：（I）客観的要因」で
ケインズは，雇用量を決定するものは何かを明らかにす
るために，まずいかなる要因が消費のために支出される
総額を決定するかを考察した。単純化のために，政府の
経済活動と外国貿易の活動を捨象した封鎖経済が想定さ
れている。封鎖経済における有効需要（総需要）は，消

費需要と投資需要との和からなる。有効需要の第1の構成要素，家計の消費需要は，主として所得の大きさに依存して決められる。所得が増えると消費も増えるが，所得が増えた程には消費は増えず，その差額が貯蓄の増加となるのである。「人々は，通常かつ平均的に，所得が増加するにつれて消費を増加させるが，所得の増加と同じ額だけは増加させないという傾向がある」(*GT*, 96)。このことをケインズは「基本的心理法則」と呼んでいる。所得と消費の関係を消費関数と呼び，所得のうち消費に支出される割合を平均消費性向，所得の増加分のうち消費される割合を限界消費性向と呼ぶ。限界消費性向は0より大きく，1より小さい。消費は所得の増加関数である。消費関数はかなり安定的な関数である。

　古典派の想定した個人企業においては，貯蓄は美徳とされていた。しかし，「所有と経営の分離」(*GT*, 150)を特徴とする株式会社の経済においては，貯蓄は必ずしも美徳とは限らない。株式会社の経済においても貯蓄が美徳とされてきたのは，貯蓄主体と投資主体が同一という「ロビンソン・クルーソー経済からの誤った類推」(*GT*, 20) によるものである。ケインズは，貯蓄は国民所得から消費を差し引いた残差にすぎないことを明らかにした。「貯蓄は所得が消費を超える額に等しい」のであり，「貯蓄は単なる残差にすぎない」(*GT*, 64)。ケインズは，貯蓄不足が非自発的失業の原因であるという考

え方を，消費性向の理論によって退けた。

3．資本の限界効率

　有効需要の第2の構成要素，企業の投資需要はどのように決定されるのであろうか。『一般理論』第11章「資本の限界効率」において，ケインズは次のようにいう。投資量は，資本の限界効率と利子率とが等しくなる点において決定される。投資量は，利子率が低下すれば増大する。「資本の限界効率とは，資本資産から存続期間を通じて得られると期待される収益によって与えられる年金の系列の現在値を，その供給価格にちょうど等しくさせる割引率に相当するものである」（*GT*, 135）と定義される。企業者が，銀行から資金を借りて事業に投資する場合，その投資決意に影響を与えるのは，投資の期待収益率と，投資に伴う資金借入のコストとしての利子率である。資本の限界効率とは，投資の期待収益率のことである。

　ケインズにおける企業は，不確実な将来に向かって，現在，投資するかどうかを決意する経済主体である。「十分な結果を引き出すためには将来の長期間を要するような，何か積極的なことをしようとするわれわれの決意の大部分は，アニマル・スピリッツ——不活動よりもむしろ活動を欲する自生的衝動——の結果としてのみ行われる」（*GT*, 161）。企業の投資決意は，アニマル・ス

ピリッツに依存する（吉川，1995，153）。「もしアニマル・スピリッツが鈍り，自生的な楽観が挫け，数学的期待値以外にわれわれの頼るべきものがなくなれば，企業は衰え，死滅するであろう」（GT, 162）。資本の限界効率とは，不確実な将来に向かって投資を決意する企業にとっての期待収益率である。それでは，利子率はどのようにして決定されるのであろうか。次に，流動性選好利子説について検討する。

4．流動性選好説

『一般理論』第14章「利子率の古典派理論」において，古典派の利子論は次のように整理されている。古典派の利子論によれば，利子率は金融市場における貯蓄と投資との関係によって決まる。投資は，利子率が上昇すれば減少し，利子率が低下すれば増加する。他方，貯蓄は，利子率が上昇すれば増加し，利子率が低下すれば減少する。古典派においては，利子率は，貯蓄と投資が一致した点で決まる。

『一般理論』第13章「利子率の一般理論」において，ケインズにおける利子率決定論としての流動性選好説が提示されている。それによれば，所得を受け取ったあと，個人の心理的な時間選好には，2つの時間選好がある（GT, 166）。第1は，所得のうちどれだけを消費し，どれだけを将来のために貯蓄するかを決めることである。

古典派は，時間選好の第1段階しか検討しなかったので，利子を貯蓄に対する報酬であると誤解している。第2は，貯蓄のうちのどれだけをすぐに使える現金の形で保有し，どれだけを他人に貸して債券の形で保有するかを決めることである。利子は，貯蓄された貨幣を他人へ貸した時にはじめて報酬として支払われる。ケインズは，「利子率は特定期間流動性を手離すことに対する報酬である」（GT, 167）と定義する。利子率は流動性を手離すことに対する報酬である，とケインズがいう場合，彼は，資産選択（ポートフォリオ）の問題を考えていたことになる（吉川，1995, 158）。彼は資産を貨幣と債券に分類した。貨幣は利子を生まない。しかし決済手段として貨幣には高い流動性がある。一方，債券は利子を生むが，流動性が低い。

　人々の貨幣に対する需要には三つの動機がある（GT, 170）。①取引動機，すなわち日常の取引のため，②予備的動機，すなわち予期せぬ事態に備えるため，③投機的動機，すなわち将来起こることについて市場よりもよりよく知ることから利益を得ようとする目的である。第1と第2の動機による貨幣需要は，国民所得の大きさと関係するが，利子率とはほとんど関係がない。しかし第3の投機的動機とは，債券価格の下落による資本損失を避けるための貨幣需要であり，利子率と密接に関係している。債券は，株式や社債のような証券の形をとっている

が，債券価格は利子率と逆方向に動く。

将来，債券価格が下がる（利子率が上がる）と予想する人々（弱気筋）は，証券を売って資産を貨幣の形で保有しようとする。逆のことを期待する人々（強気筋）は，貨幣を手離して証券を買う。利子率が非常に低くて，弱気筋の人々が多い場合には，貨幣需要（流動性選好）は著しく高くなる。貨幣供給量は，中央銀行によって供給される。したがって利子率は貨幣に対する需要と供給の関係によって決定される。

5. 貯蓄は美徳か

『一般理論』においてケインズは，「何が利用可能な資源の現実の利用を決定するかについての純粋理論」（*GT*, 4）を提示した。「雇用量は総需要関数と総供給関数とが交叉する点において決定される。なぜなら，この点において，企業者の期待利潤が最大となるからである」（*GT*, 25）。総需要関数が総供給関数と交叉する点における総需要の値を有効需要と呼ぶ。有効需要が雇用量を決定するのである。これを有効需要の原理という。供給が需要を決定するのではなく（セイ法則批判），総需要が総供給（国民所得）を決定するのである。

政府の経済活動と外国貿易の活動を捨象した封鎖経済を想定すれば，有効需要（総需要）は，消費需要と投資需要との和からなる。消費需要は，主として所得の大き

さに依存して決められる。消費関数はかなり安定的な関数である。投資需要は，企業の利潤極大化行動を前提として，資本の限界効率と利子率とが等しくなる点において決定される。したがって投資量は，利子率が低下すれば増大し，利子率が上昇すれば低下する。

重要なことは，有効需要の原理によって決まる雇用量が完全雇用に一致する保証はないということである。有効需要の不足を主たる原因として非自発的失業が発生する。完全雇用均衡ではなくて不完全雇用均衡こそが自由放任の資本主義経済の常態である。この意味において，『一般理論』で展開されている理論は，「不完全雇用均衡の貨幣的経済学」（平井，2007，247）として特徴づけることができるであろう。

消費需要はかなり安定的であるのに対して，投資需要は企業のアニマル・スピリッツに左右され，かなり不安定である。資本の限界効率は資本蓄積とともに低下する傾向がある。したがって，利子率が資本の限界効率と共に低下しない限り，投資需要は増加しない。しかし利子率は，利子生活者の投機的貨幣需要（貨幣愛）のために，高水準のままで低下しない。有効需要の原理は，非自発的失業の主たる原因は，貯蓄不足でも高賃金でもなく，投資の不足であることを明らかにした。このように，ケインズの経済思想の特質は，貯蓄は必ずしも美徳とは限らない，問題は投資の不足である，という考え方の中に

見出すことができる。それでは，投資を増大して完全雇用均衡を達成するために必要な政策とはどのようなものであろうか。

Ⅳ　政府の役割

Ⅳではケインズ政策の特質を明らかにするために，『一般理論』における政府の役割について考察する。伸縮的貨幣政策を基本的政策としつつも，ケインズが富と所得の再分配政策をも提唱したという点に注目して検討する。

1．伸縮的貨幣政策

ケインズは『一般理論』において，投資を増大して完全雇用を達成するための政策として，まず，公開市場操作を通じての貨幣供給量増大による低金利政策を提唱した。ケインズの流動性選好説によれば，利子率は流動性選好（貨幣需要）と貨幣供給によって決定される。利子率が高い水準に留まる原因は，金本位制度によって貨幣供給量が制限されていることと，利子生活者すなわち「機能を喪失した投資家」の投機的貨幣需要のためである。利子生活者の貨幣愛が高利子率の主たる原因である。高利子率のために投資が不足し，有効需要が不足する。「人々が月を欲するために失業が生ずるのである」（*GT,*

235)。ここで月とは，貨幣のことである。管理通貨制度を採用すれば，不況期には，金準備量とは無関係に不換紙幣を増発することが可能となる。他の事情にして等しい限り，低金利政策によって，投資は増加する。低金利政策のねらいは，「機能を喪失した投資家」の消滅，すなわち「利子生活者の安楽死」による国内投資の増大である（GT, 376）。

　国内投資を増大させるための低金利政策が有効となる条件は，為替管理を併用することによって，金利差のために海外へ流出する資金をコントロールすることである。ケインズは，『一般理論』第23章において，「保護主義が国内の雇用を増加させる」（GT, 334）という重商主義の主張を再評価することにより，マーシャル的な自由貿易主義では失業問題を解決することはできないとして，古典派の考え方を批判した。国内投資の増大を意図して低金利政策を実施しても，海外への資金流出が続けば，資金は国内の低金利を嫌って海外へ逃避する。海外投資から国内投資への資金転換を促進するためには，為替管理政策の併用が必要である。ただし，生産費の低下となる技術革新がある場合には，為替管理の必要性はそれだけ弱まる。

　ケインズは，賃金単位表示の貨幣供給量を増加させるための方法として，理論的には，伸縮的賃金政策と伸縮的貨幣政策という2つの方法があることを指摘する（GT,

267-271)。伸縮的賃金政策とは，貨幣量が一定の場合に貨幣賃金を引き下げる方法である。これに対し，伸縮的貨幣政策とは，貨幣賃金が一定の場合に貨幣量を増加させる方法である。伸縮的貨幣政策を排して伸縮的賃金政策を選ぶことは，愚かであり，正義に反することである，とケインズはいう。

ケインズによる伸縮的賃金政策批判の理由は次の4点である。①社会全体での均一的な貨幣賃金の引下げは，社会主義社会でもない限り，実行不可能である。もしも，均一的な貨幣賃金の引下げが強行された場合には，社会的な摩擦が生じるであろう。②貨幣賃金が安定していることは，社会的正義と社会的便宜とにかなうものである。③貨幣賃金の引下げが強行されるような場合には，物価水準も低下するかもしれない。その場合には，企業者の負債の実質的負担は増大するので，企業者の確信の状態は悪化するであろう。④将来，さらなる貨幣賃金の引下げが期待される場合には，貨幣賃金の引下げは，資本の限界効率表を低下させてしまう。その場合には，賃金単位表示の貨幣供給量が増加しても，必ずしも利子率は低下しない。

ケインズは，このような理由により，伸縮的賃金政策ではなくて，伸縮的貨幣政策の採用を提唱した。ケインズ政策の特質は，伸縮的貨幣政策という点にある。しかし，利子率が「流動性のわな」といわれる低水準にある

場合には，伸縮的貨幣政策は有効性を失う。その場合には，公債発行による政府支出の増大が必要である。彼は，「投資のやや広範な社会化」政策と呼んでいる。ケインズは「大きな政府」を志向せず，「半自治的組織体」による民間企業と競合しない分野での「投資のやや広範な社会化」（*GT*, 378）を提唱した。

2．再分配政策

ケインズは，累進的な所得税や相続税の実施を提唱した。累進的な所得税や相続税の実施は，社会全体の消費性向表を上方へシフトさせる。社会全体の消費性向表が上方へシフトすれば，有効需要が増加して非自発的失業は減少する。『一般理論』第24章「一般理論の導く社会哲学に関する結論的覚書」において，ケインズは，「完全雇用が実現する点までは，資本の成長は低い消費性向にまったく依存するものではなく，逆に，それによって阻止されるのであって，低い消費性向が資本の成長の助けとなるのは完全雇用の状態に限られる」（*GT*, 372-373）という。「消費性向を高めるような形での所得再分配政策は資本の成長にとって積極的に有利となる」（*GT*, 373）というのである。

富と所得の再分配政策は，貯蓄は必ずしも美徳とは限らないという，ケインズの経済思想の具体的表現であった。スミスは，「供給はそれみずからの需要を創造する」

というセイ法則を前提した上で，節約こそ資本増加の直接の原因であるという「節約の美徳」論を展開していた。これに対して，ケインズは，不況期に，各人が節約して貯蓄を増加させようとした場合，社会全体の消費性向表は下方へシフトして国民所得は減少してしまい，社会全体の貯蓄は増加するとは限らないという「貯蓄のパラドックス」を明らかにした。ケインズは，短期的にはセイ法則は成り立たないという観点から，不況期には，富と所得の再分配政策を積極的に実施すべきであるとした。ケインズは株式会社における「所有と経営の分離」という当時のイギリスの現状を踏まえた上で，富者である利子生活者の高い貯蓄性向が不況の主たる原因であるとし，スミス以来の富や所得の大きな不平等を正当化してきた社会的理由の1つを取り除くことに成功した。「貯蓄の美徳」論から「貯蓄は必ずしも美徳とは限らない」という考え方への転換の中に，経済思想史におけるケインズ革命があった。

ケインズは，『一般理論』第8章「消費性向－（Ⅰ）客観的要因」において，「消費はあらゆる経済活動の唯一の終点であり目的である。雇用の機会は必然的に総需要の大きさによって制約されている」（*GT*, 104）と指摘する。その上で，堅実金融主義を批判して次のようにいう。「われわれは，社会全体としては，将来の消費のために金融的な手段によって準備することはできず，今期の物

理的産出物によって準備することができるにすぎない」（*GT*, 104）。多くの例が証明しているように、「堅実金融主義は、総需要を減少させ、したがって福祉を損う可能性がある」（*GT*, 104）。しかも、「所得が大きくなればなるほど、不幸にして、所得と消費との間の開きはますます大きくなるのである。かくして、なんらかの新しい手段がないかぎり、のちに見るように、この難問への解答は失業以外にはない」（*GT*, 105）。富と所得の再分配政策は、ケインズにおいては、政策手段の1つであった。

　ケインズは、富の不平等を正当化する社会的理由は取り除かれたとして、結論的に次のようにいう。「現代の状況においては富の成長は、通常考えられているように、富者の制欲（貯蓄）に依存するどころか、それによって阻止されるということである。したがって、富の大きな不平等を正当化する主要な社会的理由の1つが取り除かれることになる」（*GT*, 373）。消費性向を高めるような所得再分配政策は資本の成長にとって積極的に有利となるであろう。これがケインズの考え方である。相続税を重くする財政政策が社会の消費性向を高める効果をもつことは確かである、とケインズは考えていた。

V　混合経済と平和主義

　Vでは、古典派の功利主義思想に基づく原子論的社会

観と，ケインズの混合経済思想に基づく階級論的社会観とを比較して，ケインズ経済思想の現代的意義が，「国内政策による完全雇用」のヴィジョンに基づく混合経済体制の志向と彼の平和主義の中に見出すことができる，という見解を提示する。

1．ベンサムの功利主義

ベンサム（1748-1832）は，フランス革命が勃発した1789年に『道徳および立法の諸原理序説』を出版して功利主義の思想を定式化した。当時，トマス・ペイン（1737-1809）は，1776年に『コモン・センス』を出版してアメリカの独立戦争を支持し，また1792年に『人間の権利』を刊行してフランス革命を支持する見解を提示していた。これに対してベンサムは，自然権というものには何の意味もなく，人間の権利は実際の法律＝実定法によってのみ保障されるものである，という見解を提示した。ベンサムは，ペインの自然権思想を厳しく批判した。

ベンサムは，「人間の行為は快楽と苦痛によって決まる」として，合理主義的人間観に基づき，個人の効用の可測性と，社会全体での効用の集計可能性を仮定し，人類の目的として「最大多数の最大幸福」という最大幸福原理を主張した（永井，2003，58）。ベンサムは，人間の効用は階級や民族の相違を問わず，いわば同一の効用関

数によって示されるという，原子論的社会観を提示した。
ベンサムの政治的立場は，哲学的急進主義と呼ばれる。
ベンサムは，ジェイムズ・ミルやリカードウらと共に，
当時のイギリスにおける地主支配体制を批判して，資本
家にも選挙権を与えるべきであるという，民主主義的な
議会改革の必要性を主張した。

2．J. S. ミルのベンサム批判

　J. S. ミルは，1863 年の『功利主義論』において，ベ
ンサムの功利主義を批判し，その修正を主張した。ベン
サムによれば，人間の行為は快楽と苦痛によって決まる
とされ，個人の効用の可測性と社会全体での集計可能性
が仮定されて，「最大多数の最大幸福」が主張された。
ミルは，ベンサムの功利主義の一面性を批判した。ミル
によれば，人間の快楽には質的な相違がある。個人の効
用を測定し，それを社会全体で集計してもあまり意味が
ない。ミルは，文学や芸術の重要性を強調した。人間の
快楽には，物質的な要素の他に，精神的な要素も含まれ
る点を強調した。ミルの功利主義には，精神的な快楽が
含まれている。「満足した豚であるより不満足な人間で
あるほうがよく，満足した馬鹿であるより不満足なソク
ラテスであるほうがよい」（ミル，1863，470）というの
が，ミルの考え方であった。
　ミルは，快楽に質の差があるとみた。価値の高い精神

的快楽を感じる人間を高尚な人間，価値の低い物質的快
楽を追及する人間を低俗な人間とみて，満足した豚であ
るよりは不満足な人間であるほうがいいとした。ベンサ
ムの量的功利主義に対して，ミルは質的功利主義を提唱
した。

　ベンサムは，代議民主制が望ましいという民主主義論
を主張していた。ミルも民主主義という結論では同意見
である。しかしベンサムはその方法が間違っていた，と
ミルはいう。ベンサムは，国民性の相違を過小評価した。
ベンサムにとって人間性は不変であった（永井，1982,
23）。人間は同じような考え方をするものと仮定された。
ベンサムは，イギリスの教育制度をそのまま植民地イン
ドへ適用することが可能であると考えた。これに対して，
ミルは，国民性の相違，慣習，伝統という，精神的な要
素の重要性を強調した。

　ただし，ミルは，人間の資質に差を認めることにより，
選挙制度の改革に関して，複数投票制度を提案するに至
った。選挙権に関して，地主も労働者もひとりはひとり
として数えられるベンサム的平等主義は，ミルによって
批判されたことになる。

3．功利主義とケインズ

　功利主義とは，行為は結果によって評価されるべきで
あり，良い結果とは人間の幸福を増大させることである

とする考え方である。功利主義はラディカルな主張を含んでいた。各種の制度や慣行は有用性の審査に合格できない場合には，廃止されるか修正されねばならなかった（スキデルスキー，Ⅰ，1987，45）。

リカードウ，ミル，そしてマーシャルの思想的基礎は，功利主義思想であった。古典派経済学では，人間の行為を決定するものは，快楽と苦痛のみであり，個人の幸福は物質的な快楽の増加と苦痛の減少であるとされた。効用計算の可能性が仮定され，個人の効用を合計することにより社会全体の効用が得られると想定されていた。功利主義においては，均質的で合理主義的な人間観が想定されていた。人間は同一の効用関数によって示されるという，原子論的社会観が提示されていた。マーシャルの『経済学原理』における市場経済論は，均質的で功利主義的な個人から構成される原子論的社会観を前提としたものであった。

ケインズは，古典派の功利主義思想を批判した。彼は，「合成の誤謬」を指摘して，「貯蓄のパラドックス」を明らかにした。ミクロ的にみた場合には，個人にとって貯蓄は美徳である。しかし，不況期にあって，しかもマクロ的にみた場合には，貯蓄は必ずしも美徳とは限らない。彼は，主として投資が国民所得を決定し，国民所得が貯蓄を決める，という因果論的分析方法を採用した。ケインズは，国民所得の決定において重要なのは，貯蓄では

なくて投資である，という考え方を提示した。ケインズは，ムア倫理学における有機的統一の原理（ムア，2010,139）から影響を受けていた。

　ケインズは，自由放任主義と国家社会主義との両面を批判し，混合経済の思想を提示した。ケインズは，新しい体制としての混合経済体制を志向した。彼は，古典派の自由放任主義を批判する一方で，国家社会主義をも批判した。ケインズは，資本主義の賢明な管理について，次のようにいう。「資本主義は，賢明に管理されるかぎり，おそらく経済的目的を達成する上で，今まで見られたどのような代替的システムにもまして効率的なものにすることができる」（*GT*, 294）と。ここには，彼の資本主義観が端的に表現されている。彼は，「効率と自由を保持しながら」（*GT*, 381），「資本主義の運営技術を，可能な限り改善する」（*GT*, 292）ことを考えた。経済学者の主たる任務は，政府のアジェンダ（なすべきこと）とノン・アジェンダ（なすべからざること）とをたえず区別し直すことであるとされた。守るべきは，個人の自由，生活の多様性である。個人主義は，生活の多様性と個人的自由の最善の擁護者であるとされた。「個人主義は，もし欠陥と濫用を避けることができるなら，他のいかなる体制と比較しても個人的選択の働く分野を著しく拡大するという意味で，とりわけ個人的自由の最善の擁護者である。また，個人主義は生活の多様性の最善の擁護者

である」（*GT*, 380）。

　ケインズは，『一般理論』において，利子生活者，企業者，労働者という3階級社会を想定した。彼は利子生活者を非活動階級とした上で，非自発的失業の主たる原因を，利子生活者の貨幣愛による高利子率に求めた。『一般理論』の基本図式は，貨幣経済の不確実性 → 利子生活者の貨幣愛 → 高利子率 → 投資の不足 → 有効需要の不足 → 非自発的失業である。一方，労働者と企業者とは活動階級であるとされた。ケインズは，階級論的社会観を基にして，古典派の原子論的社会観を批判し（浅野，1990，132），それに代替するものとして混合経済体制を志向した。経済思想史におけるケインズ革命とは，古典派の功利主義思想に基づく原子論的社会観からの脱却と，混合経済思想に基づく階級論的社会観への思想的転換のことであった。

4．国内政策による完全雇用

　ケインズによれば，自由放任の資本主義には，失業問題と，富と所得における分配の不平等という2つの欠陥がある。「われわれの生活している経済社会の顕著な欠陥は，完全雇用を提供することができないことと，富および所得の恣意的で不公平な分配である」（*GT*, 373）。一方ケインズは，「国家が引き受けるべき重要な仕事は生産手段の所有ではない」（*GT*, 378）として，「国家社

会主義」の体制を退けた。1933年，ドイツでヒトラー内閣が成立した。ケインズはその危機感を次のように表現した。「今日の独裁主義的な国家組織は，効率と自由を犠牲にして失業問題を解決しようとしているように見える」（GT, 381）と。ケインズは，混合経済体制を志向した。彼は，自由放任の資本主義を批判したが，同時に，国家社会主義をも批判した。効率と自由を保持しながら，失業問題と分配の不平等という2つの病弊を治療することは，混合経済体制の実現によって可能となる。問題解決のためには，政治体制において「なんら革命を必要としない」（GT, 377）とされた。

ケインズは，有効需要政策と再分配政策とを提案した。有効需要政策とは，「利子生活者の安楽死」のための低金利政策と，「投資のやや広範な社会化」政策を内容とするものである。富と所得の再分配政策とは，世代間の富の不平等を是正するための相続税の導入と，社会全体の消費関数を上方へシフトさせるための所得に関する累進課税制度の導入のことである。「消費性向を高めるような形での所得再分配政策は資本の成長にとって積極的に有利となるであろう」（GT, 373）。ケインズは，相続税を重くして，世代間の富の不平等の解消を図ろうとした。「相続税を重くする財政政策が社会の消費性向を高める効果を持つことは確かである」（GT, 373）。「所得の不平等を正当化する若干の理由はあるとしても，それは

そのまま遺産の不平等には当てはまらないからである」
(*GT*, 373)。

　ケインズは，企業者中心の資本主義社会を構想した。
彼は『一般理論』第12章「長期期待の状態」において，
金融的な投機が企業以上に優位を占める傾向を指摘した。
「もし，投機という言葉を市場の心理を予測する活動に
当て，企業という言葉を資産の全存続期間にわたる予想
収益を予測する活動に当てることが許されるなら，投機
が企業以上に優位を占めるということは必ずしもつねに
事実ではない。しかし，投資市場の組織が改善されるに
つれて，投機が優位を占める危険は事実増大する」(*GT*,
158) と。また，「投機家は，企業の着実な流れに浮かぶ
泡沫としてならば，なんの害も与えないであろう。しか
し，企業が投機の渦巻のなかの泡沫となると，事態は重
大である。一国の資本発展が賭博場の活動の副産物とな
った場合には，仕事はうまくいきそうにない」(*GT*,
159) と。ケインズは，投機が企業以上に優位を占める
傾向に危惧を示した。「このような傾向は，われわれが
＜流動的な＞投資市場を組織することに成功したことの
ほとんど避け難い結果である。公共の利益のために，賭
博場を近づきにくい，金のかかるものにしなければなら
ないということは，通常人々の一致した意見である。そ
して同じことがおそらく株式取引所についても当てはま
る」(*GT*, 159) と。このようにケインズは，自由放任の

資本主義では，投機が企業以上に優位を占めてしまうことを指摘した。ケインズは，金融的な投機を放任することに強く反対して，政府による政策介入の必要性を強調した。「合衆国において投機が企業に比べて優位である状態を緩和するためには，政府がすべての取引に対してかなり重い移転税を課することが，実行可能で最も役に立つ改革となるであろう」(*GT*, 160) と。

ケインズは，利子生活者，すなわち「機能を喪失した投資家」(*GT*, 376) の安楽死を提唱した。それは，「なんら革命を必要としない」変化の過程である。彼は，「人間本性を変革する仕事とそれを統御する仕事とを混同してはならない」(*GT*, 374) という人間観の持ち主であった。ケインズは，何か積極的な投資を決意する場合には，アニマル・スピリッツが重要であるとした。「企業が将来の利益の正確な計算を基礎とするものでないことは，南極探検の場合とほとんど変わりがない。したがって，もしアニマル・スピリッツが鈍り，自生的な楽観が挫け，数学的期待値以外にわれわれの頼るべきものがなくなれば，企業は衰え，死滅するであろう。ただし，その場合，損失への恐怖は，さきに利潤への希望がもっていた以上に合理的な基礎をもっているわけではない」(*GT*, 162) と。このようにケインズによれば，アニマル・スピリッツが鈍れば，企業は衰え，沈滞や不況の程度が過大なものとなる。不確実な将来に向かい，現在，投資

を決意しなければならない企業者にとって，投資決意の
基礎をなす長期期待の状態は蓋然性の高い予測にのみ依
存するものではない。それは同時に，確信の状態に依存
する（GT, 148）。確信の状態は，資本の限界効率表（投
資需要表）を決定する主要な要因であるという理由で，
重要である（GT, 149）。

　ケインズは，『一般理論』の第24章「一般理論の導く
社会哲学に関する結論的覚書」において，次のようにい
う。「新しい体制は古い体制に比べて平和にとっていっ
そう望ましいであろう」（GT, 381）と。また，「もし諸
国民が国内政策によって完全雇用を実現できるようにな
るならば（その上，もし彼らが人口趨勢においても均衡を達
成することができるならば，――と付け加えなければならな
い），一国の利益が隣国の不利益になると考えられるよ
うな重要な経済諸力は必ずしも存在しないのである」
（GT, 382）と。ケインズの経済思想の現代的意義は，
「国内政策による完全雇用」というヴィジョンの中にあ
る。彼はいう。「これらの思想の実現は夢のような希望
であろうか」（GT, 383）と。彼における「夢のような希
望」とは，混合経済体制を構築して，「国内政策による
完全雇用」を実現することである。

　自由放任の資本主義体制においては，投機が企業以上
に優位となる傾向がある。「機能を喪失した投資家」で
ある利子生活者の投機的貨幣需要は，利子率を上昇させ

る要因である。貨幣発行量が金保有量の制約を受ける金本位制度の場合には，伸縮的貨幣政策の遂行は困難である。利子生活者は，国内投資よりも海外投資の方が有利と判断すれば，国内に非自発的失業が存在している場合でも，海外投資を増大させる。こうして，イギリスの潜在的富は大きいのに，現実の生産量は小さいという「豊富の中の貧困」のパラドックスが生じる。自由放任主義と金本位制度の資本主義において，不況を脱出しようとすれば，輸出拡大のための海外市場拡大とならざるをえない。しかし，失業対策としての輸出拡大政策は，近隣諸国にしてみれば輸入の拡大による失業増大を意味する。古典派の経済思想によれば，自由放任主義と金本位制度 → 海外市場獲得競争 → 戦争への道，という近隣窮乏化政策が不可避となる（GT, 382）。ケインズは，貨幣賃金の引下げ → 輸出の拡大 → 国内不況からの脱出，という伸縮的賃金政策を批判した。伸縮的賃金政策は，「隣国の犠牲において自国の利益を図る手段となりがちである」（GT, 339）。彼は，伸縮的賃金政策を採用することは，近隣窮乏化政策を実施することに他ならない，として批判したのである。

　ケインズが志向した混合経済体制においては，政府は，企業者の設備投資の増大のための環境整備を図る必要があるとされた。企業者のアニマル・スピリッツを奮い立たせるような確信の状態を維持することは，政府の役割

第7章 ケインズの経済思想 195

である。企業者は，不確実な将来に向かい，現在，設備投資を決意する存在である。企業者は，資本の限界効率と利子率とを比較する。利子生活者の投機的貨幣需要によって流動性選好表は高い水準を維持する。金本位制度を放棄して管理通貨制度へ移行し，貨幣供給量を伸縮的に増加させ，低金利政策を実施することが必要である。しかし，国内投資の増大を意図して低金利政策を実施しても，海外への資金流出をコントロールしなければ，資金は国内の低金利を嫌って海外へ逃避してしまう。海外投資から国内投資への資金転換を促進するためには，政府による為替管理政策の併用が必要である。

　ケインズの「夢のような希望」とは，混合経済体制を構築して，「国内政策による完全雇用」を実現することであった。ケインズは，混合経済体制を志向して，「国内政策による完全雇用」→ 国内市場の形成 → 平和への道，という可能性を示唆した。ケインズの経済思想の現代的意義は，「国内政策による完全雇用」というヴィジョンに基づく混合経済体制の志向と平和主義の中に見出すことができる。

Ⅵ　更新性資源

　Ⅵでは，ケインズ政策の限界について考察する。地球は水循環による開放定常系であり，持続可能な地球社会

を維持するためには，水や土という更新性資源を保持する視点が不可欠である，ということを明らかにする。ケインズ政策には，水や土が更新性資源として重要であるという視点が欠落していた。更新性資源への視点欠落という点はケインズ政策の限界であった，ということを明らかにする。

1．水循環

　地球上の資源は，①石炭や石油といった化石燃料のように一度使えばそれでなくなってしまう非更新性資源と，②水や土のように，本来，更新可能な更新性資源とに区分することができる。

　水の惑星としての地球は，「宇宙船地球号」というような閉鎖系ではなく，開放定常系である（室田，1982，142）。経済活動に伴うエントロピー増大の法則について，槌田はいう。「地球上には，生命の活動以外にも，さまざまな活動がある。風雨や，火山や，地震やその他の活動がひしめいている。これらはすべてエントロピーの発生源である。しかし，それにもかかわらず，去年と同じ今年を35億回くりかえし，地球のエントロピーを定常的に保ちつづけてきたのは，地球にエントロピーを捨てる機構があったからである」（槌田，1982，159-160）。「地球における最大の物エントロピーの発生者は，動植物である。動物の排泄物および動植物の遺体は，毎年，地表

を覆いつくしてしまう。しかし，小動物，小植物，そして微生物は，適度の水分を用いてこれらの排泄物や遺体の分解者として互いに協力しながら最終的には簡単な無機物に変えている。／この時，物エントロピーは熱エントロピーに変わったのである。そのことは，堆肥醗酵中に発熱していることによって，簡単に理解されるであろう。そして，その熱エントロピーは，水の蒸発で水蒸気になり，水循環へ渡されているのである」（同，166）。経済過程は，エネルギー過程ではなく，拡散つまりエントロピー過程である。経済活動によってエントロピーが増大する。エントロピーの観点から，あらゆる変化は「生産」ではなくて「消費」である。エントロピーとは，拡散の程度を示す指標であり，廃物と廃熱である（同，64）。

この点に関して，室田は，自給度の高いマイナス成長を支持する立場から，次のようにいう。「原子力発電の本質は核廃棄物がたくさんつくられるところにある」（室田，1988，92）と。彼は，土が分解できないような廃棄物を生み出す生産活動は縮小・停止すべきであるとして，自給度の高いマイナス成長論を提唱した。また，玉野井は，市場至上主義を批判して，次のようにいう。「無限に更新可能な資源というのは，水と土をとおしてのみあらわれるものだということである。われわれの生命はそれをよそにして存在するものでない」（玉野井，1979，62）

と。彼は，「生産中心の経済」からの脱却と「生活中心
の経済」への転換が必要であるとされて，「市場志向か
らの脱出」を提唱した（同，169）。

　地球社会において，土壌微生物と植物と動物という三
者は「敵対的共生関係」にある。重要なことは，生命活
動があると，廃物と廃熱，すなわちエントロピーが発生
する，という視点である。廃物は土壌微生物によって無
機化合物に分解される。その分解の過程で廃熱が発生す
る。地球はいかにして廃熱を捨ててきたのか。その秘密
は水循環の中にある。地表の活動により増大した廃熱は
水が受け取る。水は水蒸気となって，大気の上空に運ば
れる。その時に気圧が下がるので，断熱膨張によって温
度が下がる。マイナス 23℃で水蒸気は分子運動し，遠
赤外線の形で熱を宇宙へ放射処分する。熱を失った水蒸
気は，結氷し雲になる。それは雨となって地表へ戻る
（槌田，1982，162）。土によって媒介された水循環により，
地球上の生命は維持されている。もし地表に水がなけれ
ば，太陽光の熱汚染により，地球は砂漠化してしまう。
森林は，保水能力があり，土壌流出を防いでいる。森林
は，円滑な水循環にとって不可欠である。地球は水循環
による開放定常系なのである。

２．有効需要の質的構成

　ケインズ『一般理論』の理論的課題は，「豊富の中の

第 7 章　ケインズの経済思想　199

貧困」というパラドックスを明示した上で，それを有効
需要の原理によって解明することであった。有効需要の
増加によって完全雇用を実現しようとする有効需要政策
は，ケインズ政策と呼ばれている。しかし，ケインズ政
策には，水や土が更新性資源として重要であるという視
点が欠落している。更新性資源への視点欠落という点は，
ケインズ政策の限界であった。ケインズ政策によって完
全雇用が実現したとしても，その過程で，更新性資源が
破壊されてしまうとしたら，その政策は失敗である。持
続可能で豊かな地球社会を維持するためには，地球環境
を良好に保持するという視点が不可欠である。

　不完全雇用の場合に政府支出を増大させれば，有効需
要は増加して，国民所得は増大する。その際，注目すべ
き点は，政府支出の質的構成の問題である。国民の福祉
を犠牲にして完全雇用を達成しても，何のための完全雇
用か，ということになりかねない。「生産とは何か」を
問い続けて，雇用の中味を吟味することは，有効需要の
質的構成の問題である。国民福祉という観点から，有効
需要の質的構成を問い直すことは，これからの地球社会
を構想する上で，不可欠な知的作業である。

　ケインズは，この点に関して，次のようにいう。「われ
れわれがひとたび有効需要を規定する影響力を理解する
ならば，分別ある社会がそのような思いつきにすぎない，
しばしば無駄の多い緩和策に頼って満足しているのは理

に合わぬことである」（*GT*, 220）と。また彼はいう。
「＜浪費的＞な公債支出でも結局は社会を豊かにするこ
とができることを明らかにしている。ピラミッドの建築
や地震や戦争ですらも，もし古典派経済学の原理を基礎
とするわが政治家の教養がもっとよいことの実現を妨げ
ているとすれば，富の増進に役立ちうるのである」（*GT*,
128-129）と。何もしないよりは，浪費的なピラミッド
建築でも失業対策となる。しかし，彼は浪費的な公共投
資を容認していたわけではない。続けて彼は，次のよう
に述べている。「もちろん，住宅やそれに類するものを
建てる方がいっそう賢明であろう。しかし，もしそうす
ることに政治的，実際的困難があるとすれば，上述のこ
とは何もしないよりはまさっているであろう」（*GT*,
129）と。浪費的なピラミッド建築よりも，住宅や劇場
や美術館を建てる方が失業対策として賢明な政策である
と，ケインズは考えていたのである。

　ケインズは，利子生活者が安楽死した後の社会につい
て，次のようにいう。「利子生活者は消滅するだろうが，
それにもかかわらず，人によって見解の異なりうる予想
収益の推定をめぐって，依然として企業と熟練が活動す
る余地が残されるであろう」（*GT*, 221）と。ケインズは，
「利子生活者の安楽死」以後の社会として，企業者中心
の資本主義社会を構想していた。

Ⅶ　むすび－夢のような希望－

　ケインズは，国内の不況問題を輸出拡大によって解決しようとする，古典派の近隣窮乏化政策を批判した。自由放任主義と金本位制度を特徴とする古典派経済学においては，不況対策としては，輸出拡大のための海外市場獲得競争 → 戦争への道，とならざるをえなかった。古典派の思想からは，政府支出の増大という有効需要政策を導き出すことはできなかった。これに対して，ケインズは，国内政策によって完全雇用は実現できると考えた。「これらの思想の実現は夢のような希望であろうか」（*GT*, 383）と。「夢のような希望」とは，混合経済体制を構築して，「国内政策による完全雇用」を実現するということであった。

　ケインズは，混合経済体制を志向して，「国内政策による完全雇用」の実施を提唱した。「国内政策による完全雇用」→ 国内市場の形成 → 平和への道，という可能性を示唆した。伸縮的賃金政策を実施した場合には，貨幣賃金の引下げ → 輸出の拡大 → 国内不況からの脱出，となってしまう。伸縮的賃金政策は，「隣国の犠牲において自国の利益を図る手段となりがちである」（*GT*, 339）。彼は，伸縮的賃金政策を批判し，近隣窮乏化政策を批判した。ケインズの経済思想の現代的意義は，「国内政策

による完全雇用」というヴィジョンに基づく混合経済体制の志向と平和主義の中に見出すことができる。

自由放任の資本主義の2つの欠陥は，非自発的失業と，富と所得における分配の不平等である。ケインズ政策とは，有効需要政策と，富と所得の再分配政策との2つである。有効需要政策の内容は，「利子生活者の安楽死」のための伸縮的貨幣政策と，「投資のやや広範な社会化」政策である。富と所得の再分配政策の内容は，相続税の導入と，累進的所得課税制度の導入である。富と所得の再分配政策の目的は，「国内政策による完全雇用」を実現することに限られていた。ケインズが構想した社会は，企業者中心の資本主義であった。

ケインズは『一般理論』において，期待の役割を重視する有効需要の原理，「不完全雇用均衡の貨幣的経済学」を提示した。彼によれば，有効需要が雇用量を決定するが，その雇用量が完全雇用に一致する保証はない。非自発的失業の原因は，貯蓄不足でも高賃金でもなく，投資の不足である。企業の投資決意は，アニマル・スピリッツに依存する。ケインズが志向した混合経済体制においては，政府は，設備投資の増大のための環境整備を図る必要がある。企業者のアニマル・スピリッツを奮い立たせるためには，確信の状態を維持することが必要である。

経済思想史におけるケインズ革命とは何であったのか。思想的に見た場合のケインズ革命に関する，本章の結論

は次の2点である。第1に，ケインズは，富者である利子生活者の高い貯蓄性向が不況の主たる原因であるとし，スミス以来の富や所得の大きな不平等を正当化してきた社会的理由の1つを取り除くことに成功した。「貯蓄の美徳」論から「貯蓄は必ずしも美徳とは限らない」という考え方への転換である。第2に，古典派の功利主義思想に基づく原子論的社会観からの脱却と，混合経済思想に基づく階級論的社会観への思想的転換である。

Ⅵではケインズ政策の限界について考察した。地球は水循環による開放定常系であり，持続可能な地球社会を維持するためには，水や土という更新性資源を保持する視点が不可欠である。この視点が欠落していた点は，ケインズ政策の限界であった。

［参考文献］

Keynes, J. M. 1919. *The Economic Consequences of the Peace, The Collective Writings of John Maynard Keynes*, Macmillan, Vol. Ⅱ. *JMK.* 2. 早坂忠訳『平和の経済的帰結』東洋経済新報社，1977年。

Keynes, J. M. 1923. *A Tract on Monetary Reform*, Macmillan, *JMK.* 4. 中内恒夫訳『貨幣改革論』東洋経済新報社，1978年。

Keynes, J. M. 1931. *Essays in Persuasion*, Macmillan, *JMK.* 8. 宮崎義一訳『説得論集』東洋経済新報社，1981年。

Keynes, J. M. 1936. *The General Theory of Employment, Interest and Money*, Macmillan, *JMK.* 7. 塩野谷祐一訳『雇用・利子

および貨幣の一般理論』東洋経済新報社，1983 年。*GT* と略記。

カーン，R. 1987.『ケインズ「一般理論」の形成』岩波書店。

スキデルスキー，R. 1987・1992.『ジョン・メイナード・ケインズ』
　　Ⅰ・Ⅱ，宮崎義一監訳，東洋経済新報社。

スキデルスキー，R. 2009.『ケインズ』浅野栄一訳，岩波書店。

ハイエク，F. A. 2012.『ケインズとケンブリッジに対抗して』小峰
　　敦・下平裕之訳，春秋社。

ピーデン，G. C. 1996.『ケインズとイギリスの経済政策』西沢保訳，
　　早稲田大学出版部。

ベンサム，J. 1789.『道徳および立法の諸原理序説』山下重一訳
　　（『世界の名著』38），中央公論社。

ムア，J. E. 2010.『倫理学原理』泉谷周三郎・寺中平治・星野勉訳，
　　三和書籍。

浅野栄一．1990.『ケインズ』清水書院。

浅野栄一．2005.『ケインズの経済思考革命』勁草書房。

伊東光晴．1993.『ケインズ』講談社学術文庫。

伊東光晴．2006.『現代に生きるケインズ』岩波新書。

伊東光晴．2013.『原子力発電の政治経済学』岩波書店。

音無通宏編著．2011.『功利主義と政策思想の展開』中央大学出版会。

小峰　敦．2007.『ベヴァリッジの経済思想』昭和堂。

小峰　敦編．2011.『経済思想のなかの貧困・福祉』ミネルヴァ書房。

玉井龍象．1999.『ケインズ政策の史的展開』東洋経済新報社。

玉野井芳郎．1979.『市場志向からの脱却』ミネルヴァ書房。

玉野井芳郎．1990.『生命系の経済に向けて』（玉野井芳郎著作集 2）
　　学陽書房。

槌田　敦．1982.『資源物理学入門』NHK ブックス。

槌田　敦．1986.『エントロピーとエコロジー』ダイヤモンド社。

第 7 章　ケインズの経済思想　205

中村達也・八木紀一郎・新村聡・井上義朗. 2001.『経済学の歴史』
　　有斐閣アルマ。

中矢俊博. 2008.『ケインズとケンブリッジ芸術劇場』同文館。

永井義雄. 1982.『ベンサム』（人類の知的遺産 44）講談社。

永井義雄. 2003.『ベンサム』（イギリス思想叢書 7）研究社。

根井雅弘. 2005.『経済学の歴史』講談社学術文庫。

平井俊顕. 2003.『ケインズの理論』東京大学出版会。

平井俊顕. 2005.「J. M. ケインズ」大森郁夫編『経済学の古典的世界
　　2』日本経済評論社。

平井俊顕. 2007.『ケインズとケンブリッジ的世界』ミネルヴァ書房。

村岡健次・木畑洋一編. 1991.『イギリス史』第 3 巻（近現代），山川
　　出版社。

室田　武. 1982.『水土の経済学』紀伊國屋書店。

室田　武. 1988.『天動説の経済学』ダイヤモンド社。

吉川　洋. 1995.『ケインズ』ちくま新書。

和田重司. 2010.『資本主義観の経済思想史』中央大学出版部。

第 **8** 章
シュンペーターの経済思想

I はじめに

　本章はヨーゼフ・アロイス・シュンペーター（J. A. Schumpeter, 1883-1950）の経済思想の特質と現代的意義およびその限界を取り扱う。本章は次のように構成される。IIではシュンペーターの生涯を概観し，彼の経済思想の形成過程を考察する。IIIではシュンペーターの『経済発展の理論』（初版 1912 年，第 2 版 1926 年）を取り上げて，彼の経済発展論について考察する。IVではシュンペーターの『資本主義・社会主義・民主主義』（初版 1942 年，第 2 版 1947 年，第 3 版 1950 年）を取り上げて，彼の資本主義観について考察する。

　本章では，シュンペーターの経済思想の特質は，動態的な経済発展における自発的で非連続的な革新を重視した点にあった，ということを明らかにする。また，シュンペーターの経済思想の現代的意義は，彼が革新の担い手として独占的な大企業の行動を再評価したという視点

第8章 シュンペーターの経済思想　207

の中に見出すことができる，ということを明らかにする。
最後に，シュンペーターの経済思想の限界として，彼が
所得分配の不平等を容認していた点を明らかにする。

Ⅱ　シュンペーターの生涯

　シュンペーターは，1883年2月8日，オーストリア・
ハンガリー帝国のトリーシュという小さな町に，織物工
場主の子として生まれた。1887年，父が死去する。
1893年，32歳の母ヨハンナは，65歳の退役陸軍中将フ
ォン・ケラーと再婚する。10歳のシュンペーターは，
ウィーンの貴族の子弟向け教育機関テレジアヌムに通い，
優秀さを発揮する。1901年，ウィーン大学法学部に入
学する。1905年には，ベーム・バヴェルク教授のゼミ
ナールに，学友のバウアー，ヒルファーディング，レー
デラー，ミーゼスらと共に参加した（八木，1988，129）。
　1906年23歳でウィーン大学から法学博士の学位を授
与される。1906年，母はケラーと離婚する。シュンペー
ターは，1906年から7年にかけてイギリスに渡り，そ
こに1年以上滞在する。1907年24歳で，イギリス国教
会役職者の娘である36歳のグラディス・リカード・シー
ヴァーと結婚し，エジプトのカイロに渡り，弁護士とし
て働く。1908年，最初の著書『理論経済学の本質と主
要内容』を書き上げる。1909年夏，ウィーン大学で教

鞭をとり，同年後半にチェルノヴィッツ大学の准教授として ウィーンを離れる。1911 年，皇帝によりグラーツ大学教授に任命される。1912 年『経済発展の理論』を出版する。1913 年から 14 年にかけて，アメリカのコロンビア大学へ交換教授として渡米する。夫人は渡米に同行せず，イギリスの実家へ帰る。コロンビア大学ではヴェブレンの弟子ミッチェルと懇意になる。イエール大学のフィッシャー，ハーバード大学のタウシッグらと交流する。1914 年 12 月，第 1 次世界大戦が始まるが，グラーツにおける唯一の経済学教授という理由で，兵役免除となる（中山，2005，172）。

　1919 年 3 月，第 1 次世界大戦後のオーストリアの社会主義政権の内閣で，学友バウアーの推薦により，シュンペーターは財務大臣に就任する。財政赤字とインフレの中で，財産課税の導入，通貨価値の安定，間接税の導入という財政計画を内閣に提出する。19 年 10 月，内閣は総辞職する。1921 年 7 月，ビーダーマン銀行の頭取に就任する。21 年 10 月，グラーツ大学教授を辞任する。1924 年，ウィーンの株式市場の崩壊によりビーダーマン銀行は経営危機に陥り，彼は借金を抱えて銀行を辞職する。多額の借金を負い失業中の彼は，アパート管理人の娘に恋をする。1925 年，42 歳の彼は，22 歳のアニー・ライジンガーと 2 度目の結婚をする。アニーは観劇やハイキングといった楽しい出来事を日記に記録した（マク

第8章　シュンペーターの経済思想　209

ロウ，2010，133）。

1925年，シュンペーターはボン大学の財政学講座の教授に就任し，ドイツの市民権をとる。1926年，「企業者利潤・資本・信用・利子および景気の回転に関する一研究」という副題を付して『経済発展の理論』第2版を出版する。1926年6月，ウィーン在住の母親ヨハンナが65歳で死去する。8月には24歳の妻アニーが出産の際に死亡する。生後まもなく息子も死去する。3人の死後，彼は鬱状態に陥る（同，165）。彼は亡き妻アニーの日記を書き写す「写経」の儀式により精神的安定を取り戻す。彼にはミアという愛称の秘書マリア・シュテッケルがいた。妻の死から1年後，彼はミアに家へ移り住んで邸宅の管理をするように頼む。1927年，21歳のミアはシュンペーターの身の回りの世話をするようになる（同，193）。彼は愛人ミアについて真剣ではあったが，結婚するつもりはなかった。彼がボンに滞在したのは，第1次世界大戦が終わってから1933年にアドルフ・ヒトラーが政権を奪取するまでの間である。ユダヤ人のミアはヒトラーが政権を掌握してからもドイツにとどまり，1941年ナチスによって殺害された（同，221）。

1932年，シュンペーターはボン大学教授を辞任し，アメリカのハーバード大学教授に就任する。1934年『経済発展の理論』の英語版が刊行される。1937年54歳で，35歳の大学院生エリザベス・ブーディーと3度

目の結婚をする（同, 276）。1939 年『景気循環論』を出版する。彼は鬱状態に陥るとアニーの日記の「写経」をし, エリザベスはそれを容認したという（根井, 2006, 140）。1939 年, 第 2 次世界大戦が始まる。1942 年『資本主義・社会主義・民主主義』を出版する。1950 年 1 月 8 日, 66 歳で急逝する。死後, 夫人の手により遺稿が整理されて『経済分析の歴史』（1954 年）が出版された。

Ⅲ　経済発展論

1．自発的で非連続的な変化

　シュンペーターは『経済発展の理論』（1912 年）の第 1 章「一定条件に制約された経済の循環」において, 定常的な循環的流れの状態としての静態的経済について論じている。これは『理論経済学の本質と主要内容』（1908 年）の内容を要約したものである。静態的経済は, 動態的経済の出発点であり基礎理論である。第 1 章の付録「経済静態」において次のようにいう。「静態的経済は＜静止＞してはいない。経済生活の循環はもちろん行われている」（*TE*, 75. *TE* には原典のページ数が併記されている。以下, 原典のページ数を記す）と。静態的経済には, 企業者と発展が欠けており, 「企業者利潤と利子が存在しない」（*TE*, 78）。第 1 章の付録「従来の理論の＜静態

的＞基本性質」において，先行学説の静態的性質が批判された。静態とは，経済生活を年々歳々本質的に同一軌道にある循環の観点から描写したものであり，動物的有機体の血液循環のようなものである。ケネーの『経済表』（1758年）は，経済循環という静態的経済の典型である。アダム・スミスの「観察方法は本質的に静態的である」（*TE*, 80）。リカードウ理論の核心は静態的性質である（*TE*, 82）。マルクス理論の基礎は「静態的性質のものである」（*TE*, 84）。限界効用という「主観的価値論による理論の大改革も理論構造の静態的性質を変えるものではなかった」（*TE*, 85）。ワルラス理論より静態的なものはないとされる。クラークの静態と動態の区別は，シュンペーターの静態・動態峻別論に強い影響を与えた。クラークは，人口増加，資本蓄積，消費者の欲望の発展，技術進歩，生産組織の進歩の5つを撹乱要因とした。シュンペーターは，人口・資本・需要の変化と，技術・組織の変化との間に，本質的な相違を見出した。人口・資本・需要の変化は，与件の変化であり撹乱要因にすぎない。しかし，技術・組織の変化は，経済の内部からの変化であって，そこに動態的な契機があるとされた（*TE*, 92）。シュンペーターによれば，静態的な扱い方は，重農学派，古典派，限界効用学派という3つの学派の人びとに共通の基準であった（メルツ，1998, 234）。

　シュンペーターは『経済発展の理論』第2章「経済発

展の根本現象」において，経済発展という動態的経済を
論じた。従来の静態的経済との差異が強調されている。
彼は，動態的な経済発展における自発的な非連続性を重
視して次のようにいう。「＜発展＞とは，経済がみずか
らの中から生み出す経済生活の循環の変化であり，外部
からの衝撃によって動かされる経済の変化ではなく，
＜自発的な＞経済の変化とのみ理解すべきである」（*TE*,
95）。また，「人口の増加や富の増加によって示されるよ
うな経済の単なる成長も発展過程とはみなされない」
（*TE*, 96）と。発展とは，「すべての変更あるいは推移を
指すのではなく，第1に経済の中から自発的に生れた変
化であり，第2に非連続的な変化を指すにすぎない」
（*TE*, 98）。発展とは，経済の内部から自発的に生じた変
化であり，非連続的な変化である。「郵便馬車をいくら
連続的に加えても，それによって決して鉄道を得ること
はできないであろう」（*TE*, 99）。彼は，自発的で非連続
的な変化を，馬車をいくらつないでも鉄道にはならない，
と表現した。

　彼はいう。「経済における革新は，新しい欲望がまず
消費者の間に自発的に現われ，その圧力によって生産機
構の方向が変えられるというふうに行われるのではなく，
むしろ新しい欲望が生産の側から消費者に教え込まれ，
したがってイニシアティブは生産の側にあるというふう
に行われるのが常である」（*TE*, 100）と。先行学説では，

人口増加や資本増加による経済成長が論じられた。彼の経済発展とは，自発的で非連続的な変化である。彼は，動態的な経済発展における自発的で非連続的な変化を重視したのである（塩野谷，1995，227）。

　シュンペーターは，ミルの静態と動態の区別に言及した上で，ミルの停止状態（定常状態）論を批判した。ミルの『経済学原理』第4編の表題は「社会の進歩が生産および分配に及ぼす影響」であるが，ミルは「進歩」を生産と分配に「影響を及ぼす」経済外的な与件とし，「生産技術」の進歩に関するミルの取扱方法は「静態的」である，と。シュンペーターはいう。「その進歩は自発的なものとして現われ，経済に対して＜働きかける＞のであって，その影響こそが研究されるべきものとされている。この場合に看過されているものこそが本書の対象であり，少なくとも本書の構成の礎石となるものである」（*TE*, 92）。ミルの進歩は自発的なものとして現われ，経済に対して「働きかける」のであって，彼の取扱方法は「静態的」であるというのである。

　ミルは『経済学原理』（1848年）において，生産・分配峻別論を提示した上で，富の分配は人間の制度の問題であるとして，富の分配政策を含む停止状態論を提唱していた。停止状態論とは，先進国の人びとは，人間的進歩を実現するために，富の公正な分配政策と自発的な人口制限政策を実施して，自ら進んで資本と人口の増加の

停止状態に入ろうではないか，というものであった。彼は，将来における土地を含む私有財産制度の改善の可能性を示唆していた。ミル経済思想の特質は富の分配政策の中にあり，ミル経済思想の現代的意義は，富の分配政策を含む停止状態論を提唱した点にあった。シュンペーターは，ミルの進歩概念を批判して，それは経済に対して働きかけるものにすぎないのであり，経済外的な与件として理解されるとした。シュンペーターは，ミルの場合には，「社会の進歩が生産および分配に及ぼす影響」が考察されているにすぎないとした。シュンペーターは，ミルの進歩概念には，非連続的な変化という観点が欠落していると批判した。

　シュンペーターは，マーシャルの有機的成長論も批判した。マーシャルは，『経済学原理』第8版（1920年）序文で，「経済発展は漸進的である」，「自然は飛躍しないという題名は経済学の基礎に関する書巻にとくに適切な題名である」と述べ，連続的で漸進的な過程という考え方を提示した。シュンペーターの経済発展は，連続的・漸進的な過程ではない。彼は，マーシャルの外部経済論を批判した。マーシャルの「外部経済」とは，「産業の一般的な発展」によってその産業内の個々の企業の生産費用が削減されることである。「内部経済」とは，個々の企業のもつ資源・組織・経営の能率から生じる生産費用の削減のことである。シュンペーターの新結合とは

「内部経済を外部経済に転換すること」であり，産業の一般的発展によって生じるその産業特有の外部経済なるものは経済発展の本質ではない。新結合はごく一握りの天才的な企業者によって最初は内部経済として遂行された後に，模倣者たちが大量に出現することによって，新結合の成果は社会全体に拡散していく。シュンペーターの経済発展とは，自発的で非連続的な変化であった。彼は，マーシャルの有機的成長論における連続性という観点を批判したのである（根井，2005，325）。

2．革　新

シュンペーターによれば，生産とは利用可能な物や力を結合することである。「生産をするということは，われわれの利用しうるいろいろな物や力を結合することである」（*TE*, 100）。新結合とは，次の5つの場合のことである。①新しい商品の生産，②新しい生産方法の導入，③新しい市場の開拓，④原料や半製品の新しい供給源の獲得，⑤新しい組織の実現。新結合とは革新（イノベーション）である。新結合の遂行では，次の2点が重要である。第1に，新結合の遂行は同一の経済主体によって行われるわけではない。競争経済において活躍する経済主体における自発的で非連続的な変化が強調される。「鉄道を建設したものは一般に駅馬車の持主ではなかったのである」（*TE*, 101）。競争経済においては，旧結合

が破壊されて新結合が遂行される。新結合の遂行に成功した生産者は社会的地位を上昇させるが、旧結合の破壊により社会的地位を下落させる生産者が発生する。第2に、新結合の遂行は生産手段ストックの転用である。新結合の遂行時には、失業労働者群が生じる。しかし、失業は発展の結果にすぎない。「一般に新結合は必要とする生産手段をなんらかの旧結合から奪い取ってこなければならない」(*TE*, 102)。「新結合の遂行は国民経済における生産手段ストックの転用を意味する」(*TE*, 103)。

シュンペーターはいう。「失業はなんら原理的説明の役割を果たしうるものではなく、また均衡のとれた正常な循環においては存在することさえできないのである」(*TE*, 102)と。競争経済では、遊休した生産手段は存在しない。すべての生産手段は何らかの形で利用されている。新結合の遂行には旧結合の破壊が必要である。「国民的生産力の転用」(*TE*, 102)の阻止は、経済発展の阻止である。旧結合の破壊により失業が生まれる。鉄道建設の新しい企業は、駅馬車の古い企業ではない。革新の担い手は、古い企業ではなく、新しい企業である。彼の『景気循環論』(1939年)によれば、発展は、好況 → 景気後退 → 不況 → 回復、という4局面から形成される(伊東・根井, 1993, 137-147)。

シュンペーターによれば、失業は、景気の4局面循環における不況という一局面で生じる。不況時における失

業対策としての政策介入は，革新の遂行を阻止すること
に他ならない。彼の景気循環論は，ケインズの混合経済
論を批判したものである。景気循環論の立場からは，不
況時の有効需要政策は不必要であり，有害である。シュ
ンペーターは，裁量的なケインズ政策を批判した。シュ
ンペーターにとって，政策とは政治であった。不況は資
本主義の発展にとって不可欠なものであり，景気の一局
面にすぎない。失業に関するシュンペーターの基本的な
考え方とは，このようなものであった（吉川，2009，188）。

3．企業者

シュンペーターは，革新の担い手としての企業者につ
いていう。「われわれが企業と呼ぶものは，新結合の遂
行およびそれを経営体などに具体化したもののことであ
り，企業者と呼ぶものは，新結合の遂行をみずからの機
能とし，その遂行に当って能動的要素となるような経済
主体のことである」(*TE*, 111) と。また，「企業者を危
険負担者とみなす解釈とは一致しない」(*TE*, 111) と。
企業者はリスク負担者ではない。シュンペーターは，企
業者機能についていう。「それはちょうど戦略上の決断
とその遂行のようなものであって，しかも＜将軍＞をし
て将軍の類型とするものは，まさにこの機能であり，官
職上の事務事項を処理することではない」(*TE*, 115) と。
企業者とは新結合の遂行者である。

彼はいう。「過去の時代における企業者はふつう資本家でもあったが，同一の役割でない限り，また特別な場合に専門家を招くことのない限りは，同時にその経営の技師であり，技術指導者でもあった」(*TE*, 114) と。したがって，企業者機能を単純に最も広い意味での経営と同一視するマーシャル学派の企業者の定義は，十分な意味があるものである。ただし，シュンペーターがこの定義を承認できない理由は次の点にある。すなわち，彼の問題とするところはまさに，企業者活動の特徴を他の活動から区別し，これを特殊な現象とする本質的な点にあるのに対して，マーシャルの場合には，この点が多くの日常的事務管理の中に埋没しているからである。

企業者機能とは，経営戦略上の決断と実行であって，日常的な経営管理の機能と混同してはならない。「だれでも＜新結合を遂行する＞場合にのみ基本的に企業者であって，したがって彼が一度創造された企業を単に循環的に経営していくようになると，企業者としての性格を喪失するのである」(*TE*, 116)。「新結合の遂行は一つの特殊な機能であり，この機能を果たしうる客観的可能性をもった人びとよりもはるかに少数の人びとの特権であり，またしばしば一見してそのような客観的可能性をもたない人びとの特権ですらある」(*TE*, 119)。企業者とは，単なる経営管理者ではない。

単なる経営管理者は，日常の経営活動を慣習に従って

第8章　シュンペーターの経済思想　219

処理し，日常の仕事を意識することなく解決する。彼は
いう。「われわれがしばしば考えたり，感じたり，行っ
たりすることは，個人や集団や事物において自動的なも
のとなり，われわれの意識的生活の負担を軽減するので
ある」(*TE*, 124) と。また，「慣行の領域の外に出るこ
とは常に困難を伴い，新しい要因を含むのであって，こ
のような要因を内包し，このような要因をその本質とす
る現象こそまさに指導者活動に他ならないのである」
(*TE*, 124) と。単なる経営管理者は，慣行の軌道を意識
せずに繰り返す。単なる経営管理者はなぜ慣行の軌道の
外に出ようとしないのか。慣行の軌道の外に出ることに
は，どのような困難が伴うのであろうか。

　単なる経営管理者が慣行の軌道の外に出ることには，
3つの困難がある。第1の困難は，経済主体の課題に関
するものである。経済主体が慣行軌道の外に出ると，軌
道の中では多くの場合非常に正確に知られていた，決断
のための与件や行動のための規則がなくなってしまう。
慣行の軌道の外に出ようとする場合には，多くの意識的
合理性を計画の中に導入しなければならない。計画を練
り直さなければならない。新しい計画で行動することは，
道路を新しく建設するように困難である。新結合の遂行
は，慣行的な事務処理能力とは，質的に異なる。成果は
洞察にかかっている。「活動の量を増大することと活動
の種類を変えることとの相違」(*TE*, 125) は，質的な相

違である。

第2の困難は，経済主体の態度に関するものである。新しいことを行うのは，慣行的なものや試験済みのことを行うよりも実際的に困難である。新しい計画は反対される。人びとの考えは，慣行の軌道を歩く習慣が潜在意識となっているため，結論は慣行的に自動的に導き出されやすい。従来のやり方が批判されたとしても，「人びとの考えは再び慣行の軌道に立ち返ってくる」(*TE*, 126)。新しいことを行おうとする人の胸中には，慣行軌道の諸要素が浮かび上がり，新しい計画に反対する理由を並べたてる。日常の仕事の中から，新結合の立案と実行のために必要な余地と時間を絞り出すためには，新結合を単なる夢や遊戯ではなく，実際に可能なものとするためには，「意志の新しい違った使い方が必要となってくる」(*TE*, 126)。指導者活動は独特で稀である。

第3の困難は，特に経済面で新しいことを行おうとする人びとに対して向けられる社会的環境の抵抗である。経済問題の場合，この抵抗は，まず新しいものによって脅かされる集団から始められ，次に一般世人の側から必要な協力を得ることの困難の中に現われ，最後に消費者を惹きつけることの困難の中に現われる。改善の可能性は，指導的機能によって遂行されなければ，死んだようなものである。「指導者機能とはこれらのものを生きたもの，実在的なものにし，これを遂行することである」

（*TE*, 128）。彼は，指導者活動についていう。「指導とは仕事そのものではなくて，これを通じて他人に影響を及ぼすことを意味する」（*TE*, 128）と。指導者類型を特徴づけるものは，物事を見る特殊な方法であり，ひとりで衆に先んじて進み，不確定なことや抵抗のあることを反対理由と感じない能力であり，「他人への影響力」（*TE*, 129）である。

　このように，単なる経営管理者は，3つの困難を理由にして，慣行の軌道の外に出ようとしない。これに対して，新結合を決断し実行するのが企業者である。シュンペーターによれば，企業者活動の動機は，次の3つである。第1の動機は，自分の帝国ないし王朝を建設しようとする夢想と意志である（*TE*, 138）。第2の動機は，闘争に勝ち，成功することを求める勝利者意志である（*TE*, 138）。利潤量は勝利の記念となる。経済行為は，利潤量獲得競争というスポーツのようなものになる。社会的出世欲は，王朝建設の意志と融合する。第3の動機は，仕事に対する喜び，新しい創造に対する喜びである（*TE*, 138）。企業者は変化と冒険と困難を喜びとする。企業者は新しい可能性を発見する必要はない。現存する可能性を新しく組み替えることが指導者活動である。彼の新結合という言葉には，現存する可能性を組み替えるという意味が内包されていた。指導とは仕事そのものではなく，他人への影響力である。

単なる経営管理者と企業者の動機の類型ついては，快楽主義と非快楽主義とが対比されるであろう。快楽主義ないし功利主義とは，行為のもたらす快楽と苦痛の差引計算を行為の基準とするものである。快楽主義は単なる経営管理者の経済行為に当てはまる。しかし，企業者はこのような基準には当てはまらない。企業者の経済的動機すなわち財貨獲得の努力は，「獲得された財貨の消費が与える快楽感に根ざすものではない」（TE, 134）からである。シュンペーターは，企業者の行動を非快楽主義ないし非功利主義と考えていた。資本主義に関するシュンペーターの経済思想は，資本主義は功利主義に依存することなく存立することができる，というものであった（塩野谷，1995，205）。

4．信用創造

スミスは「資本は節約によって増加し，浪費と不始末によって減少する」という「節約の美徳」論を提示していた。古典派経済学では，貯蓄の増加は資本の蓄積をもたらす。シュンペーターによれば，貯蓄の増加は経済発展の原因ではなくて，その結果である。彼は，銀行の信用創造について，次のようにいう。「銀行家は，単に＜購買力＞という商品の仲介商人であるのではなく，またこれを第一義とするのでもなく，なによりもこの商品の生産者である」（TE, 110）と。また，「今や彼自身が

唯一の資本家となるのである。彼は新結合を遂行しよう
とするものと生産手段の所有者との間に立っている」
(*TE*, 110) と。さらに，「銀行家は交換経済の監督者で
ある」(*TE*, 110) と。企業者は，新結合の遂行をみずか
らの機能とする経済主体であるが，企業者は資本家では
ない。企業者が新結合を遂行するためには，十分な資金
の供給が必要である。銀行家が信用創造によって提供す
る購買力が企業者の用いる資金となる。資本主義経済で
は，銀行家が唯一の資本家である。危険負担は，すべて
銀行家が引き受けるのである。

　シュンペーターにおいて，企業者はリスク負担者では
ない。企業者は企画書を持参して，銀行家に融資を依頼
する。銀行の融資担当者は，企業者の企画書を審査して，
有望な新機軸を選別する。採算性ありと判断して，融資
した場合，リスク負担の責任は銀行家にある。不況の局
面において，銀行家が企業者に積極的な金融支援を行え
ば，革新の群生的出現という事態が生まれ，景気回復
→ 好況，という局面へと移行するであろう。資本家の
代理としての銀行家は，有望な新機軸を選別して企業者
への融資の規模を調整することにより経済発展の速度を
調整する。銀行家は，資本主義経済の監督者なのである
(八木，2006，254)。

　シュンペーターは，『景気循環論』(1939 年) の第 6 章
「歴史的概観 (その 1) 序論」において，資本主義を次の

ように定義する。「資本主義とは，革新が，論理的に必然ではないにしても，一般に，信用創造を含意する借入れ貨幣によって遂行される，私有財産経済のあの形態である」(*BC*, 訳Ⅱ, 332) と。彼は，銀行の信用創造を，資本主義の経済発展にとって不可欠な要素と考えていた。資本主義における経済発展は，銀行からの融資を得た企業者が革新を遂行することによって実現する。企業者，革新，信用創造は，シュンペーターの経済発展にとって不可欠な3つの構成要素である（金指, 1998, 209）。

Ⅳ　資本主義観

1．創造的破壊の過程

　シュンペーターは『資本主義・社会主義・民主主義』（1942年）の第7章「創造的破壊の過程」において，資本主義の本質は「創造的破壊」の過程の中にあるとした。「組織上の発展は，不断に古きものを破壊し新しきものを創造して，たえず内部から経済構造を革命化する産業上の突然変異」(*CSD*, 83. *CSD* には原典のページ数が併記されている。以下，原典のページ数を記す）である。彼は，先行学説における静態的な経済循環論に対して，動態的な経済発展論を展開した。彼の経済学は，静態と動態の2元論になっている。静態とは，時間が経過しても同じ現象が繰り返されるだけで変化がない，定常的な経済循

環の状態である。同一の規模で同一の現象が反復するだけの静態的な経済循環のもとでは利潤は存在しない。オーストリア学派のカール・メンガーの『経済学原理』（1871年）における限界効用価値論は，静態的な理論であった（八木，2004，256）。

企業者利潤は，企業者の革新による動態的な経済発展の過程で実現される。シュンペーターの静態と動態の区別は，受動的適応か，能動的革新かという相違である。彼の資本主義観の特質は，動態的な経済発展という点にある。彼はいう。「資本主義は，本来経済変動の形態ないし方法であって，決して静態的ではないのみならず，決して静態的たりえないものである」（CSD, 82）と。「資本主義のエンジンを起動せしめ，その運動を継続せしめる基本的衝動は，資本主義的企業の創造にかかる新消費財，新生産方法ないし新輸送方法，新市場，新産業組織形態からもたらされるものである」（CSD, 83）とされる。彼によれば，資本主義における経済発展の原動力は革新（イノベーション）である。革新の5つの場合は次の通りである。①新しい商品の生産，②新しい生産方法の導入，③新しい市場の開拓，④原料や半製品の新しい供給源の獲得，⑤新しい組織の導入。革新の機能は「創造的破壊」である。企業者は，他人に先駆けて，旧結合を破壊し，新結合を決断し実行する。革新に成功した企業者は莫大な企業者利潤を手に入れる。成功した企

業者と多数の模倣者の群れとの群生的な競争となるであろう（塩野谷，1998，215）。

シュンペーターは，『資本主義・社会主義・民主主義』で，正統派の経済学における競争概念を批判している。「本当の問題は，資本主義がいかにして現存構造を創造しかつ破壊するかということであるにもかかわらず，普通に考えられている問題は，資本主義がいかにして現存構造を操作しているかということにすぎない」（*CSD*, 84）と。彼は，経済学者は，今やっと価格競争だけしか研究していなかった段階から抜け出しつつあるとした上で，「教科書的構図とは別の資本主義の現実において重要なのは，かくのごとき競争ではなく，新商品，新技術，新供給源泉，新組織型（例えば支配単位の巨大規模化）からくる競争である」（*CSD*, 84）という。革新は，現存企業の利潤や生産量の多少を揺るがすという程度のものではなく，その基礎や生存自体を揺るがすものである。新商品の生産量を拡大し，価格を引き下げるものは，完全競争における価格競争ではなくて，動態的な経済発展における企業者による革新である。彼は，完全競争を前提とした静態理論は非現実的であると批判した。「完全競争が，現在においても過去のいかなる時代においても決して現実的でなかったことはきわめて明白である」（*CSD*, 81）と。「大衆の現代の生活水準は比較的拘束なき＜大企業＞の時代に上昇したこと」（*CSD*, 81）が指摘

される。彼によれば，新商品の生産量の拡大と生産費削減による価格低下をもたらしたものは，動態的な経済発展であった。大衆の生活水準は大企業の時代に上昇したとされている。

完全競争の4条件とは次の通りである。①生産者も消費者も小規模であるという仮定，②完全情報の仮定，③完全流動的市場の仮定，④自由参入の仮定。完全競争の場合には，市場価格は所与であり，価格先導者は存在しない。市場価格と限界費用とが相等しくなる生産量の場合に利潤は極大となる。4条件のどれかが欠けると「不完全競争」の度合いが強まり，寡占や完全独占になる。完全競争以外の場合には，静態的な価格理論の考え方を用いると，より高い価格とより少ない生産量の組合せが実現されるので，経済厚生上望ましくない，ということになる。1930年代，ロビンソンの『不完全競争の経済学』（1933年）やチェンバリンの『独占的競争の理論』（1933）が出版された。シュンペーターは，彼らの貢献を認めながらも，それが「生産方法一定」という静態的な条件の下での価格競争や品質競争を論じているにすぎないと批判した。不完全競争理論や寡占理論は，「創造的破壊」による動態的な経済発展を考慮していないとされたのである（根井，2006，167）。

2．独占企業の行動

　シュンペーターは,『資本主義・社会主義・民主主義』
の第8章「独占企業の行動」において, 独占的な大企業
の行動を正面から取り上げた。独占者とは「単一の売り
手」のことであるとして彼はいう。「われわれのいう独
占とは, 同一商品の生産者たらんとしているものおよび
現に類似の商品の生産者たるものの侵入に対して, 自己
の市場を開放していない単一の売り手, もう少し専門的
にいうならば, 自分自身の活動からもそれに対する他の
会社の反作用からも厳しく独立した, ある与えられた需
要表に対しているがごとき単一の売り手にほかならない」
(*CSD*, 99) と。従来, 独占についてはスローガン的な批
判が繰り返されてきた。鉄道や動力や電気の会社につい
ては, その産業が高度に競争的な場合でも, 独占の弊害
が批判されてきた。独占は, 植民地から一定の原料を奪
えという提案と関連していた。国民の記憶ほど消えがた
いものはない。事業上不都合なことはすべて独占のせい
にされてきた。アメリカ人は独占の弊害について思慮の
ないスローガンを繰り返してきたというのである。

　スミスは, 植民地貿易の排他的独占による高利潤が
「節約の美徳」を破壊するとして, 重商主義の独占精神
を批判した。しかし, シュンペーターによれば, 古典派
の場合には,「われわれの意味する大企業は, 当時はま
だ出現していなかった」(*CSD*, 100) のである。シュン

ペーターはいう。スミスの独占批判はあまりに行き過ぎていた。スミスは満足な独占に関する理論をもっていなかった。そのため、独占という言葉を混乱して使用してしまい、独占者の搾取力は無制限であると誤解してしまった、と。「アメリカでは、今や独占はほとんど大規模企業と同義語になりつつある」（CSD, 100）とされる。シュンペーターにおいては、独占とは大企業のことを意味している。大企業間には競争が存在するのである。

　シュンペーターは、先行学説では、独占的な大企業の行動が諸悪の根源と誤解されてきたことを批判した上で、独占的企業を革新の担い手として評価するという見解を提示した。「競争をもって独占よりもいっそう有利であるとなす要素はまったく成り立たない」（CSD, 101）。競争的仮説と両立しうるタイプの企業の到達しうる生産能率または組織能率の水準における競争価格や競争的生産量に比して、独占価格は必ずしも高いものでなく、独占的生産量もまた必ずしも少ないものではない。動機はまったく重要ではない。たとえ独占価格設定の機会を得ることが唯一の目的であったとしても、改良された方法ないし巨大な装置の圧力は、一般に独占の最適条件点を前述の意味での競争的費用価格の方に近づけるか、あるいはそれ以下に引き下げる傾向があり、「たとえ生産制限が実施され、過剰生産力が常に顕著であろうとも、競争的メカニズムの行う機能を遂行しているのである」

（*CSD*, 102）と。新生産方法や新商品は，それを使用したり生産したりするのが単一の企業であっても，それだけでは独占をもたらすものではない。「新方法による生産物は，旧方法による生産物と競争せねばならず，新商品は新たに導入されなければならない。すなわち，それ自らの需要表が育成されなければならない」（*CSD*, 102）。「成功した革新者に対して資本主義の与える褒賞たる企業者利潤の中には，真正の独占利潤の要素があること，もしくはありうるということは真理である」（*CSD*, 102）。

　ミルやマーシャルにおいては，完全競争体制は，資源配分においても所得分配においても，最適な体制であると主張されてきた。しかし，「今や昔のような確信をもっては主張されえなくなった」（*CSD*, 103）。「完全競争とは，あらゆる産業への自由な参加を意味する」（*CSD*, 104）。ところが，「新生産方法および新商品の導入は，その出発点からして，ほとんど完全競争と共には考ええないものである」（*CSD*, 105）。このことは，「われわれが経済進歩と呼んでいるものも大部分が完全競争とは両立しえないものであることを意味している」（*CSD*, 105）。「完全競争と両立しうるタイプの企業は，多くの場合，内部経済的，ことに技術的能率において劣っている」（*CSD*, 106）。近代的産業条件のもとでは，大規模組織または大規模支配単位は，経済進歩と不可分の必要悪として認められねばならない。さらに，「大規模組織が経済

進歩，とりわけ総生産量の長期的増大の最も強力なエンジンとなってきたということ，これである」(*CSD*, 106)。完全競争は単に不可能であるばかりではなく，理想的能率のモデルとして設定さるべきなんらの資格をも有しない。大企業を完全競争下にある当該産業のように，「産業に対する政府統制の理論を基礎づけることは正しくない」(*CSD*, 106)。独占的企業は生産量を制限して価格を引き上げると批判されてきたが，それは正しくない。シュンペーターによれば，資本主義の発展を支えたのは完全競争市場における小規模な企業ではなく，革新によって巨大化し，次第に一定の競争相手を意識するような少数の独占的企業の成立とその存在であった，ということができるであろう（金指，1987，220）。

　シュンペーターは，1927年の論文「企業家の機能と労働者の利害」において，動態的な資本主義経済における企業者利潤について，次のようにいう。「本来の企業者利潤は，むしろ資本主義の経済において新しい生産方法あるいは新しい商業的結合を成功裡に遂行することに結びついた報奨金である。真の企業者機能は，国民経済において新しいことを成し遂げることであり，これは企業者の本来の活動を構成し，またそれを単なる管理や日常的定型業務から区別するものである」（シュンペーター，2001，第3章，101）と。彼において，革新の遂行を決断し実行する経済主体は企業者であるが，革新に成功した

企業者は企業者利潤を手に入れて、独占的な大企業となる。独占は、スミス以来、先行学説において厳しく批判されてきた。しかし、シュンペーターは、革新の担い手という観点から、独占的な大企業の行動を再評価して、大企業は何ら非難されるような存在ではないという見解を提示した。シュンペーターの経済思想の現代的意義は、彼が革新の担い手として独占的な大企業の行動を再評価したという視点の中に見出すことができるであろう。

　ここで、シュンペーターの経済思想の限界について、若干のコメントをしておきたい。ミルの生産・分配峻別論においては、私有財産制度の改善の可能性について論じられていた。この点、シュンペーターの経済学体系においては、理論と政策とは明確に区別されていた。シュンペーターは、理論から直接的に政策を導出するという機械的な考え方を「リカードウ的悪弊」と呼んで、ケインズの方法には「リカードウ的悪弊」が存在すると批判した。シュンペーターは、方法におけるリカードウとケインズとの共通性を指摘し、両者の中にある方法論的な単純性を批判した（Schumpeter, 1954, 訳3, 996）。シュンペーターは、動態的な資本主義における企業者の革新による経済発展という側面を強調した。その際、彼には、私有財産制度の改善を経済学的に分析するという、政策的な問題意識は希薄であった。彼は、論文「企業家の機能と労働者の利害」において、資本主義経済における所

得分配の不平等について，次のようにいう。「大衆の生活水準という観点から所得の不平等を減らそうとすることは無意味である。企業家所得と企業家機能との関係や，生産的努力への動因として個人的利益追求が有する現在なお明らかに否定不可能な意義を考慮に入れるならば，その逆に，次のような結論を回避することは不可能である。つまり，そのような努力は大衆の生活水準に悪影響を与えることが必定であり，このような事態は社会主義国家になっても現在以上の改善をみないだろうということである」（シュンペーター，2001, 97）と。彼は所得分配の不平等に対して，それを容認する見解を提示していた。この視点が，シュンペーターの経済思想の限界であった。

V　むすび

Ⅲでは，シュンペーターの『経済発展の理論』を取り上げて，彼の経済発展論について考察した。単なる経営管理者は，日常的な事務管理や日常的な経営管理を，慣行の軌道に従って循環的に経営する。これに対して，企業者は，革新をみずからの機能とする経済主体である。発展とは自発的で非連続的な変化である。発展をもたらすのは企業者の革新である。企業者とは革新の担い手である。革新とは，企業者による旧結合の破壊と新結合の

遂行である。ところで，企業者が新結合を遂行するためには，資金供給が必要である。銀行の信用創造によって提供される購買力が企業者の用いる資金となる。リスク負担者は資本家だけである。今や唯一の資本家は銀行家である。銀行家は，有望な新機軸を選別して，企業者への融資の規模を調整し，経済発展の速度を調整する。銀行家は，資本主義経済の監督者である。企業者と銀行家は，経済発展のための2つの経済主体である。企業者，革新，信用創造は，経済発展にとって不可欠な3つの構成要素である。静態的経済から動態的経済への質的な飛躍は，企業者の革新と信用創造の結果である。動態的な経済発展における自発的で非連続的な革新を重視した点は，シュンペーターの経済思想の特質である。

　Ⅳでは，シュンペーターの『資本主義・社会主義・民主主義』を取り上げて，彼の資本主義観について考察した。資本主義は動態的な経済発展の過程であり，資本主義の本質は創造的破壊の過程の中にある。新商品の生産量を拡大し，価格を引き下げるものは，完全競争における価格競争ではなくて，動態的な経済発展における企業者による革新である。革新に成功した企業者は莫大な企業者利潤を手に入れて，独占的な大企業となる。特許を無視するとすれば，多数の模倣者の群れが追随する。革新に成功した企業者と多数の模倣者の群れとの群生的な競争となる。革新企業と模倣者たちとの競争の結果，当

該商品の生産量は拡大し，生産費の低下を反映して価格は低下する。成功した大企業も，さらなる革新を怠れば，大企業間の競争の中で淘汰されてゆく。これが動態的な経済発展の姿である。絶え間ない革新こそが経済発展の原動力である。資本主義に関するシュンペーターの基本的な考え方とは，このようなものであった。シュンペーターの経済思想の現代的意義は，彼が革新の担い手として独占的な大企業の行動を再評価したという視点の中に見出すことができる。

　最後に，シュンペーターの経済思想においては，革新による経済発展という側面が過大に評価される傾向があった。彼は，所得分配の不平等に対して，それを容認する見解を提示していた。所得分配の不平等を容認する視点は，シュンペーターの経済思想の限界であった。

［参考文献］

Schumpeter, J. A. 1926. *Theorie der wirtschaftlichen Entwicklung.*
　　塩野谷祐一・中山伊知郎・東畑精一訳『経済発展の理論』（机上版），岩波書店，1980 年。*TE* と略記。

Schumpeter, J. A. 1939. *Business Cycles.* 吉田昇三監修・金融経済研究所訳『景気循環論』（1 - 5），有斐閣，1958-64。*BC* と略記。

Schumpeter, J. A. 1942. *Capitalism, Socialism and Democracy.*
　　中山伊知郎・東畑精一訳『資本主義・社会主義・民主主義』（新装版），東洋経済新報社，1995 年。*CSD* と略記。

Schumpeter, J. A. 1954. *History of Economic Analysis.* 東畑精一

訳『経済分析の歴史』(1-7)，岩波書店，1955-62。

シュムペーター，J. A. 1972.『社会科学の過去と未来』玉野井芳郎監訳，ダイヤモンド社。

シュムペーター，J. A. 1977.『今日における社会主義の可能性』大野忠男訳，創文社。

シュンペーター，J. A. 2001.『資本主義は生きのびるか』八木紀一郎編訳，名古屋大学出版会。

メルツ，E. 1998.『シュムペーターのウィーン』杉山忠平監訳，中山智香子訳，日本経済評論社。

マクロウ，T. K. 2010.『シュンペーター伝』八木紀一郎監訳，田村勝省訳，一灯舎。

伊東光晴・根井雅弘. 1993.『シュンペーター』岩波新書。

金指 基. 1987.『シュンペーター研究』日本評論社。

金指 基. 1998.「シュンペーター」橋本昭一・上宮正一郎編『近代経済学の群像』有斐閣ブックス。

塩野谷祐一. 1995.『シュンペーター的思考』東洋経済新報社。

塩野谷祐一. 1998.『シュンペーターの経済観』岩波書店。

中山智香子. 2005.「J. A. シュンペーター」大森郁夫編『経済学の古典的世界 2』日本経済評論社。

根井雅弘. 2005.『経済学の歴史』講談社学術文庫。

根井雅弘. 2006.『シュンペーター』講談社学術文庫。

平井俊顕. 2000.『ケインズ・シュムペーター・ハイエク』ミネルヴァ書房。

八木紀一郎. 1988.『オーストリア経済思想史研究』名古屋大学出版会。

八木紀一郎. 2004.『ウィーンの経済思想』ミネルヴァ書房。

八木紀一郎. 2006.「J. A. シュンペーター」大田一廣・鈴木信雄・

高 哲男・八木紀一郎編『新版 経済思想史』名古屋大学出版会。

吉川 洋. 2009.『いまこそ，ケインズとシュンペーターに学べ』ダイヤモンド社。

吉川 洋. 2016.『人口と日本経済』中公新書。

索　引

ア

アソシエーション ……………123
アニマル・スピリッツ ………173
一般理論の基本図式 …………189

カ

革新 ………………………215
確信の状態 ………………194
革新の担い手 ……………232
慣行の軌道 ………………219
企業者機能 ………………217
救貧法 ………………………46
共感の原理 …………………19
銀行の信用創造 ……………222
近隣窮乏化政策 ……………194
景気循環論 ………………217
経済学の中心課題 …………136
経済学を学ぶ意味 …………151
経済的進歩 ………………111
経済表の範式 ………………7
ケインズ政策 ………………202
限界効用価値論 ……………132
原子論的社会観 ……………187
顕著な場合 …………………55
交換性向 ……………………31
構成価格論 …………………56

サ

公平な観察者 ………………20
国際分業論 …………………29
国内政策による完全雇用 …193
穀物価値論 …………………58
コルベール主義 ……………4
混合経済体制 ………………188

サ

最大多数の最大幸福 ………184
差額地代論 …………………56
産業組織の改善 ……………144
慈恵 …………………………33
自己規制 ……………………34
自然的自由の体制 …………31
資本主義の特徴 ……………165
資本の限界効率 ……………173
社会主義 ……………………123
社会的分業 …………………28
自由 …………………………97
収穫逓減の法則 ……………57
重商主義批判 ………………25
主たる原因は何か …………62
需要・供給均衡理論 ………133
純生産物 ……………………9
植民地貿易の独占 …………31
所有と経営の分離 …………172
新結合 ………………………215

人口原理 ･････････････････45
人口制限政策 ･････････････111
伸縮的貨幣政策 ･･･････････178
慎慮 ････････････････････33
生活基準の向上 ･･･････････149
生活の技術 ･･･････････････115
正義 ････････････････････33
生産的労働 ･･････････････12
政府の役割 ･･････････････32
セイ法則 ････････････････171
節約の美徳 ･･････････････29
想像上の立場の交換 ･･･････19
創造的破壊 ･･････････････224
相対価値論 ･･････････････55

タ

多数者の専制 ･･･････････97
他人への影響力 ･･･････････221
単一原因論 ･･････････････47
単一地租税 ･･････････････9
男女平等 ････････････････100
蓄積の基本ファンド ･･･････59
地代上昇の4原因 ･････････67
賃金基金説 ･･････････････116
賃金・利潤の相反関係 ･････55
停止状態論 ･･････････････115
投資のやや広範な社会化 ･･181
動態的な経済発展 ･･･････212
道徳的抑制 ･･････････････119
独占精神批判 ････････････35
独占的な大企業 ･･･････････228
特別な課税 ･･････････････120
徳への道 ････････････････22

土地所有権 ･･････････････121
特権者の利己心 ･･････････36
富への道 ････････････････22

ナ

人間的進歩 ･･････････････111
農業王国 ････････････････8

ハ

非自発的失業 ････････････170
平等思想 ････････････････44
非連続的な変化 ･･･････････212
貧困問題の解決 ･･････････140
複合原因論 ･･････････････47
富裕なフェルミエ ･････････5
貿易差額説 ･･････････････26

マ

マルサスの基本図式 ･･･････49
マルサスの地代論 ･････････67

ヤ

有機的成長の基本図式 ･････150
有効需要の原理 ･･････････176
有効需要の質的構成 ･･･････198

ラ

リカードウの基本図式 ･････49
利子生活者の安楽死 ･･･････179
利潤率低下論 ････････････60
流動性選好説 ････････････174
良価 ････････････････････6
冷静な頭脳と暖かい心 ･････143

《著者紹介》

小沼宗一（おぬま・そういち）

1953 年　宮城県に生まれる。
1976 年　東北学院大学経済学部卒業。
1981 年　東北学院大学経済学研究科博士課程修了。
現　在　東北学院大学経済学部教授。

主要著書

『イギリス経済思想史』（創成社，2001 年），
『経済思想史』（創成社，2011 年），
『イギリス経済思想と現代』（創成社，2014 年）。

（検印省略）

2017 年 2 月 10 日　初版発行　　　　　　　　略称－歴史

経済思想の歴史
－ケネーからシュンペーターまで－

著　者　小沼宗一
発行者　塚田尚寛

発行所　東京都文京区　**株式会社　創成社**
　　　　春日 2-13-1

電　話　03（3868）3867　　ＦＡＸ　03（5802）6802
出版部　03（3868）3857　　ＦＡＸ　03（5802）6801
http://www.books-sosei.com　振　替　00150-9-191261

定価はカバーに表示してあります。

©2017 Soichi Onuma　　　　組版：緑舎　印刷：Ｓ・Ｄプリント
ISBN978-4-7944-3175-2 C3033　製本：カナメブックス
Printed in Japan　　　　　　落丁・乱丁本はお取り替えいたします。

―――――――――― 経済学選書 ――――――――――

経 済 思 想 の 歴 史 ―ケネーからシュンペーターまで―	小 沼 宗 一	著	1,800円
経 済 思 想 史 ―マルサスからケインズまで―	小 沼 宗 一	著	1,500円
イ ギ リ ス 経 済 思 想 史	小 沼 宗 一	著	1,700円
経 済 学 の 歴 史 と 思 想	石 橋 春 男 関 谷 喜三郎	著	1,800円
現 代 経 済 分 析	石 橋 春 男	編著	3,000円
マ ク ロ 経 済 学	石 橋 春 男 関 谷 喜三郎	著	2,200円
ミ ク ロ 経 済 学	関 谷 喜三郎	著	2,500円
需 要 と 供 給	ニコラス・タービー 著 石 橋 春 男 関 谷 喜三郎 訳		1,500円
経 済 学 と 労 働 経 済 論	齋 藤 義 博	著	3,000円
福 祉 の 総 合 政 策	駒 村 康 平	著	3,000円
入 門 経 済 学	飯 田 幸 裕 岩 田 幸 訓	著	1,700円
マクロ経済学のエッセンス	大 野 裕 之	著	2,000円
国 際 公 共 経 済 学 ―国際公共財の理論と実際―	飯 田 幸 裕 大 野 裕 之 寺 崎 克 志	著	2,000円
国際経済学の基礎「100項目」	多和田 眞 近 藤 健 児	編著	2,500円
ファーストステップ経済数学	近 藤 健 児	著	1,600円
財 政 学	小 林 威 光 望 月 正 光 篠 原 正 博 栗 林 隆 半 谷 俊 彦	監修 編著	3,200円
実 験 で 学 ぶ 経 済 学	大 塚 友 美	著	2,600円

（本体価格）

―――――――――――――――――――― 創 成 社 ――――